팔지 않아도 팔리는
마케팅의 비밀

ⓒ 신승철(글천개), 2025

이 책의 저작권은 저자에게 있습니다.
저작권법에 의해 보호를 받는 저작물이므로
저자의 허락 없이 무단 전재와 복제를 금합니다.

카피부터 쇼츠까지 작은 회사도 따라 할 수 있는 마케팅 전략

팔지 않아도
팔리는
마케팅의 비밀

   신승철(글천개) 지음

비즈니스북스

**팔지 않아도 팔리는
마케팅의 비밀**

1판 1쇄 발행 2025년 8월 22일
1판 2쇄 발행 2025년 10월 16일

지은이 | 신승철(글천개)
발행인 | 홍영태
편집인 | 김미란
발행처 | (주)비즈니스북스
등 록 | 제2000-000225호(2000년 2월 28일)
주 소 | 03991 서울시 마포구 월드컵북로6길 3 이노베이스빌딩 7층
전 화 | (02)338-9449
팩 스 | (02)338-6543
대표메일 | bb@businessbooks.co.kr
홈페이지 | http://www.businessbooks.co.kr
블로그 | http://blog.naver.com/biz_books
페이스북 | thebizbooks
인스타그램 | bizbooks_kr
ISBN 979-11-6254-434-1 03320

* 잘못된 책은 구입하신 서점에서 바꾸어 드립니다.
* 책값은 뒤표지에 있습니다.
* 비즈니스북스에 대한 더 많은 정보가 필요하신 분은 홈페이지를 방문해 주시기 바랍니다.

비즈니스북스는 독자 여러분의 소중한 아이디어와 원고 투고를 기다리고 있습니다.
원고가 있으신 분은 ms1@businessbooks.co.kr로 간단한 개요와 취지, 연락처 등을 보내 주세요.

▶▶▶ 프롤로그 ◀◀◀

'떡상' 하기 위해 필요한
단 하나는 ○○이다

누구나 성공을 갈망한다.
그런데 그 과정을 너무 쉽게 생각한다.
나도 그랬다.

나는 경제적 자유를 누리고 싶었다.
이를 위한 가장 확실한 방법이 사업이라고 생각했다.
그래서 남들은 들어가고 싶어 안달이라는 회사를
호기롭게 나왔다.

나는 똑똑하니까, 뭘 해도 잘될 줄 알았다.

첫 달에는 500~700만 원 벌고,

다음 달에는 1,000만 원 이상,

그다음 달에는 2,000만 원 이상 벌어서

아파트도 살 거라고 기대했다.

그러나 막상 사업에 뛰어들자 냉엄한 현실이 막아섰다.

예상보다 훨씬 더 많은 돈과 시간을 쏟아부었지만,

그런다고 좋은 결과가 나온다는 보장은 없다는 걸 깨달았다.

3개월 동안 땡전 한 푼도 벌지 못했다.

그제야 무언가 심각하게 잘못됐다는 걸 깨달았다.

뒤늦게 자기 객관화를 시작했다.

냉정하게 나 자신을 들여다보니, 나는 실력이 없었다.

창업 초창기에는 나만의 뚜렷한 아이템도 없이

그저 막연하게 콘텐츠 사업을 하고 싶어

전자책 제작과 마케팅 교육,

온라인 판매(스마트스토어) 등을 했다.

그렇다고 마케팅 실력이 뛰어나냐 하면 그것도 아니었다.

나는 부족한 것투성이었다.

'모르는 게 많으면 이제부터 배우면 되겠지.'
사업의 ABC를 그때부터 공부하기 시작했다.
'이렇게 열심히 공부하니까, 당연히 잘되겠지?'
또다시 착각을 했다.

하지만 여전히 사업은 지지부진했다.
수익은 여전히 0원이었다.
어두운 터널 속에 갇힌 듯 앞이 보이지 않았다.
그러나 절망 속에서도 포기만은 하지 않았다.
강의도 하고 전자책도 쓰고, 뭐든지 시도했다.

숨이 넘어가기 직전에 드디어 빛 한 줄기가 비쳤다.
간신히 10만 원을 번 것이다.
이윽고 빛줄기가 하나둘씩 늘어나고 커졌다.
10만 원, 50만 원, 100만 원, 1,000만 원…

이후 매출은 2,000만 원, 3,000만 원으로 계속 올라갔다.
비틀거리며 걷던 나는 어느새 뛰고 있었다.

경쟁 우위에도 유통기한이 있다

어떤 사람들은 내가 처음부터 성공한 줄 안다.
하지만 그동안 내가 쏟은 노력을 알면,
지금 내 성과가 오히려 시시하게 느껴질 것이다.
많은 사람이 목표는 원대하게 잡으면서
그것을 이루기 위해 필요한 돈과 시간은 과소평가한다.

그렇다 보니 마음과 목소리, 자세, 표정에
금세 포기의 그림자가 드리운다.
당신의 예측보다 2~3배의 돈과 시간과 노력이
들어간다고 생각해야 한다.
그래야 쉽게 낙담하지 않는다.
끈기 없이는 결코 성공할 수 없다.

물론 글 몇 편, 영상 몇 개로도 '떡상'할 수 있다.
정확한 이론을 따르면 분명히 가능하다.
하지만 그건 영원하지 않다.
시간이 지나면서 트래픽은 떨어지고 반응은 시들해진다.
이때 심기일전하여 노력과 시간을 재투자해야 한다.

그러나 안타깝게도 많은 사람이

이때 오히려 노력의 발걸음을 늦춘다.

달콤한 맛을 보고 난 후 손쉽게 결과를 얻으려고 한다.

오랫동안 사업을 하면서 깨달은 건

이 세상에 영원한 경쟁 우위란 없다는 거다.

천하를 호령하던 왕들도 모두 역사의 뒤안길로 사라졌다.

모든 길이 통한다던 로마도 멸망했다.

세계 굴지의 기업들도 기억 속에서 사라지고 만다.

우리가 만든 유입도 영원하지 않다.

치열하게 노력해서 경쟁 우위를 얻은 사람들도

막상 목표를 이루면 이제는 쉴 자격이 있다고 생각한다.

그러나 세상은 끊임없이 변화한다.

경쟁자는 시시각각 치고 올라온다.

경쟁 우위에도 유통기한이 있다.

지속적으로 성장하고 발전하고 싶다면

이 사실을 받아들여야 한다.

예상보다 더 많은 시간과 돈, 노력이 필요하다는 걸 잊지 마라.

실제로 그 정도까지 필요하지 않다면, 오히려 반가운 일이다.

뭐든 팔아보려면 '이름'부터 알려라

왜 당신의 제품과 서비스가 팔리지 않을까?
'이름'이 없기 때문이다.
아무리 뛰어난 제품과 서비스를 가졌어도,
사람들이 모르면 없는 것과 다름없다.
당신의 유일한 문제는 재능 부족이 아니라
'이름 없음'이다.
아무리 뛰어난 제품과 서비스를 만들어도
사람들이 모르면 팔리지 않는다.

"일단 유명해져라, 똥을 싸도 박수를 쳐줄 것이다."
한때 유행했던 말이다.
이름을 날리면 내가 하는 모든 일이 주목의 대상이 된다.
소비자가 뭔가를 사려고 할 때
당신의 이름 혹은 브랜드가 가장 먼저 떠올라야 한다.
아무도 모르는 브랜드에 돈을 허비하고 싶어 하는 사람은 없다.

나는 이 사실을 일찌감치 절실히 깨달았다.
그래서 4년 6개월 전부터 꾸준히 영상을 만들어

브랜딩을 시작했다.

그 결과 감사하게도 크나큰 신뢰 자본을 획득했고

매출은 폭발적으로 성장했다.

현재는 사업을 더욱 확장했다.

일반적인 마케팅 전문가보다 5배 이상 매출을 낸다고 확신한다.

그럼 내가 객관적으로 다른 사람들보다 월등히 뛰어날까?

나에게 날카로운 무기가 있는 건 사실이지만,

엄청나게 뛰어나지는 않다.

그렇다고 내가 남들보다 훨씬 더 똑똑한가 하면

그렇지도 않다.

그런데 대체 어떻게 경쟁 우위를 차지했을까?

비결은 단 하나, 인지도다.

나는 내 분야에서 확실히 자리 잡았다.

글쓰기와 마케팅 분야에서 국내에서 몇 손가락 안에 꼽힌다.

물론 아직 나를 모르는 사람들도 있을 것이다.

하지만 몇 년간 꾸준히 활동한 결과

이 분야에서 절실한 사람들은 나를 먼저 떠올리는

수준까지 올라왔다.

지금도 매주 영상을 올린다.

글쓰기, 마케팅, 영상 분야에서 문제 해결력을 갖춘 전문가로서

내 입지를 더욱 공고히 하기 위함이다.

사람들이 나를 알고 있다는 사실이

남들과 나를 차별화한다.

사람들은 실력을 쌓기 위해 노력하지만,

정작 자신을 알리는 데는 소홀히 한다.

사람들은 왜 자신을 드러내지 않을까?

왜 자신을 홍보하는 행위를 부담스러워할까?

그건 바로 거절이 두렵기 때문이다.

창피함과 구설수를 감내할 자신이 없어서다.

이 심리적 장벽만 넘으면 기회는 기하급수적으로 늘어난다.

아마존의 창업자 제프 베저스는 이렇게 말했다.

"사람들은 본능적으로 리스크를 과대평가하며

기회를 과소평가한다."

나도 처음에는 어리숙했다.

유튜브를 시작하기까지 오랫동안 망설였다.

간신히 영상 한 편을 만들었다.
올리고 나서도 지울까 말까를 수십 번 고민했다.
지울 타이밍을 놓치고 다음 날 일어났더니
소위 '떡상'을 했다.
하루 만에 조회수 10만을 넘었고,
지금 그 영상은 98만 조회수를 돌파했다.
그 일을 계기로 인생의 궤도가 180도 바뀌었다.

그날 이후, 나는 무명의 답답함에서 해방되었다.
인지도를 얻자 어디서든 떳떳하게 비즈니스를 할 수 있는
탄탄한 기반이 마련됐다.
내가 만끽한 인지도의 맛을
많은 사람과 아낌없이 나누고 싶어 이 책을 썼다.

성공은 10배 더 움직이는 자의 것이다

그럼 인지도를 어떻게 쌓을 수 있을까?
그랜트 카돈의 《10배의 법칙》에서 해답을 찾을 수 있다.
그는 '10배 더 많은 행동을 하라'고 주장한다.

인지도를 얻는 유일한 방법은 엄청난 양의 행동이다.
나 역시 다른 사람들보다 10배 더 움직였다고 자부한다.
영업 프레젠테이션, 전화, 면담 등 모든 일에서
내 행동량은 압도적으로 많았다.

첫 회사를 세울 때 나는 사업 계획도, 인맥도 없었다.
광고비가 없었던 나는 통화, 회신 전화, 우편물, 이메일,
판촉 전화, 방문, 추가 전화까지 전력투구했다.
소비자 반응이 냉담해도, 포기하지 않았다.
나는 목표를 낮춘 적이 없다. 대신 행동량을 늘렸다.

사업에서 목표를 달성했다고 끝이 아니다.
그 성과를 유지하고 확장하는 게 더 중요하다.
성공을 유지하려면 그간 해온 행동을 지속하고,
심지어 배가해야 한다.
대개 사람들은 한 번 성공하면 멈춘다.
하지만 진정한 성공은 계속 움직이는 자의 것이다.

시장은 탁월한 수준에 도달한 사람에게만 보상한다.
'애매한 수준'은 시장에서 도태된다.

지치더라도 포기하지 마라.

10배 더 행동하려면 어떻게 해야 할까?
간단하다.
자신의 콘텐츠와 영상을 만들고 공개하라.
유입과 트래픽을 악착같이 끌어모으는 것이다.
정글 같은 비즈니스에서 살아남기 위해
이것보다 더 확실한 방법은 없다.

사람들을 붙잡고 일일이 설명하는 것보다
이 방법이 10배, 아니 1,000배 이상 효과적이다.
사람을 붙잡고 직접 설명하는 시대는 저물고 있다.
몇 시간만 투자하면 평생 노출되는
양질의 콘텐츠를 얻을 수 있다.

그런데 구체적으로 어떻게 해야 할까?
내가 수백 곳의 고객사를 컨설팅하며 검증된
가장 강력한 유입 전략을 이 책에 모두 담았다.

당신의 제품과 서비스가 팔리지 않는 결정적인 이유,

당신의 '이름 없음'을 해결하는 방법을
이제 하나하나 알려줄 것이다.

당신의 제품과 서비스는 이미 훌륭하다.
이제 그것을 세상에 알릴 차례다.

차례

프롤로그 '떡상' 하기 위해 필요한 단 하나는 ○○이다 005

제1장

마케팅 고수의 원칙
팔지 마라, 아낌없이 나눠라

사람의 본능을 파고드는 성공의 원리	023
팔지 말고 나누며 신뢰를 쌓아라	033
자본주의는 생산하는 사람이 이기는 게임이다	042
작은 행동도 100번 쌓이면 기적이 된다	050
고객의 기대치를 단 1퍼센트만 뛰어넘어라	056
돈이 자동으로 벌리는 '마케팅 뇌'를 탑재하라	064
글천개 마인드 1 절대 실패하지 않는 방법, 즐거움에서 출발한다	072

[제2장]

작은 회사가 살아남는 매출 급상승 전략 5

조선시대부터 내려온 판매의 절대 공식	081
전략 1 신뢰가 매출을 결정한다	088
전략 2 틈새를 공략해야 매출이 터진다	095
전략 3 매출을 올리려면 아이템부터 체크하라	104
전략 4 고객 집중형 VS. 판매 집중형, 자신의 유형을 파악하라	111
전략 5 비싸도 사는 고객의 심리를 이용하라	118
글천개 마인드 2 당신의 일에 10억짜리 가치를 부여하라	128

제3장

돈 되는 글쓰기
글 안 써본 사람도 월 1,000만 원 버는 방법

어설픈 실행이 완벽한 계획보다 낫다	135
다섯 살에게는 장난감을, 40대에게는 돈을 이야기하라	141
쓰는 순간 매출이 오르는 스토리텔링 3요소	150
매출을 20만 원에서 1억 원으로 퀀텀 점프시키는 카피라이팅 3요소	158
더 많은 사람을 매료하는 글의 조건	167
3초 만에 기억되는 콘셉트의 힘	174
무일푼에서 월 1,000만 원으로, '지렁이 법칙' 4단계	182
조회수 100만이 터지는 카피는 무엇이 다를까?	195
글천개 마인드 3 매일 읽고, 쓰고, 보고, 행동하라	208

제4장
영상 한 개로 1,000만 원 버는 기적의 콘텐츠 설계

지금 필요한 건 '완벽' 말고 '완수'	215
경쟁자보다 잘하려고 하지 말고 다르게 하라	222
모든 고객이 아닌 '찐팬'이 필요하다	232
제품을 브랜드로 만드는 포지셔닝의 기술	240
700만 조회수를 폭발시킨 초간단 스토리텔링 공식	250
스마트폰 하나로 숏폼을 만들어라	261
5,000만 조회수, 시작은 한 편의 영상이었다	269
한 번 만든 콘텐츠로 3배의 가치를 누려라	278
복리처럼 쌓이는 콘텐츠의 힘	284
잘 만든 브랜드가 몸값을 2배로 올린다	291
비례성 원칙을 이해하면 악플에 무너지지 않는다	299
글천개 마인드 4 빚이 4억, 알코올 중독 백수를 일으켜 세운 어머니의 한마디	306

에필로그 성공을 지속하는 최고의 방법은 ○○이다	312
부록 조회수로 검증된 돈 되는 숏폼 카피 노트	319

제1장

마케팅 고수의 원칙

: 팔지 마라, 아낌없이 나눠라

사람의 본능을 파고드는 성공의 원리

세상에서 극소수가 80퍼센트의 부와 명예를 독식한다.
그들이 다른 사람들보다 엄청나게 뛰어나기 때문이 아니다.
인간의 본능을 지배하는 법을 알기 때문이다.
돈을 벌기 위한 수단은 많다.
하지만 장기적인 성취, 진정한 성공을 이루려면
이득을 좇고 손해를 피하는 인간의 본성을 꿰뚫어야 한다.

많은 사람이 자신의 욕구를 고상한 용어로

그럴듯하게 포장한다.

예를 들면 다음과 같다.

헬스장에 등록할 때

- 표면적 이유 : "운동은 건강을 위해서 꼭 필요하잖아요."
- 내면의 욕구 : "여름까지 탄탄하게 몸매를 만들어서 사람들의 관심을 받고 싶어."

자녀를 비싼 학원에 등록시킬 때

- 표면적 이유 : "아이한테 좋은 교육 환경을 만들어주고 싶어요. 요즘은 성적보다 사고력이 중요하잖아요."
- 내면의 욕구 : "솔직히 내 자식이 남들보다 잘나야 내가 인정받는 기분이 들어."

결국 사람은 자신에게 '이로운 방향'으로 가길 원한다.
즐거움과 편안함을 추구하고, 고통과 불편함은 피한다.
이는 옳고 그름의 문제가 아니라 인간의 본능이다.
많은 사람이 로또에 당첨되어 호화로운 아파트에 살고,

비싼 외제차를 끌며 부자로 살고 싶어 한다.
반대로 다 쓰러져가는 집에서 배고픔에 시달린다면
누구든 그 상황에서 벗어나고 싶을 것이다.
이런 인간의 기본적인 욕구를 깊이 이해하면
사람들에게 이로운 가치를 제공할 수 있다.
성공이란 결국, 타인에게 얼마나 많은 이득을 주고,
손해는 줄여줄 수 있는가에 달려 있다.

지금보다 돈을 더 많이 벌고 싶다면
딱 두 가지만 기억하라.

첫째, 사람들에게 이로운 것을 제공하라.
둘째, 사람들이 해로운 것을 피하게 도와줘라.

만나는 모든 사람에게 '이득을 주는 사람'이 되어야 한다.
무엇을 팔든지 고객이 지불한 비용보다
더 큰 가치를 제공하자.
그래야 사람들이 다시 찾아오고 신뢰 관계가 깊어진다.

그럼, 사람들에게 줄 수 있는 이득에는

어떤 것들이 있을까?

짐 에드워즈의 《스토리 설계자》에 따르면 구매를 일으키는 요소는 총 10가지로 정리할 수 있다.

1. 돈을 벌게 한다.
2. 돈을 아끼게 한다.
3. 시간을 아끼게 한다.
4. 노력을 덜게 한다.
5. 신체적·정신적 고통에서 벗어나게 한다.
6. 편안함을 제공한다.
7. 건강을 개선시킨다.
8. 칭찬받게 한다.
9. 사랑받게 한다.
10. 인기를 얻거나 사회적 지위를 높인다.

빠르게 성공하고 싶다면 당신이 만든 상품, 서비스, 콘텐츠가 위 10가지에 해당하는지 생각해보자. 아직 부족하다면 10가지 요소 중 일부를 즉시 추가하자. 이는 온라인 비즈니스에서 특히 효과적이다. 유튜브에서 수십만, 수백만 조회수를 달성한 영상이나 블로그 인기 글을 보면 모두 이 원리에 기반한다.
사람들에게 실질적인 이득을 제공하면
당신의 콘텐츠는 퍼지고 고객은 몰려든다.

이것이 성공의 본질이다.
하지만 많은 사람이 본질이 아닌
부수적인 요소에 시간을 뺏긴다.
유튜브 알고리즘이나 기능을 연구한다고
인기 유튜버가 되는 것은 아니다.
그보다 재미를 주거나 유익한 정보를 제공하는 사람이
더 크게 성공한다.

전 세계 1위 유튜버 미스터비스트도 알고리즘보다
'사람들이 보고 싶어하는 것'에 집중한다.
그는 콘텐츠의 본질적 재미를 극대화하는 데
막대한 돈과 시간을 할애한다.

그는 〈오징어 게임〉을 현실에서 재현하기 위해
한화 약 42억 원을 투자했다.
그 영상은 업로드 4일 만에 1억 조회수를 돌파하며

큰 화제가 되었다.

힘없는 개인이 단기로 성공하는 방법은
이로운 가치를 제공하는 콘텐츠를 만드는 것이다.
사람들에게 이로운 정보를 제공하는 콘텐츠를 만들어보자.
글이든 영상이든 상관없다.

알고리즘은 흥미를 유발하는 콘텐츠가
더 많은 사람에게 도달하게 돕는 메커니즘이다.
내용이 훌륭하면 많은 사람이 틀림없이 보게 된다.
핵심은 사람들에게 도움이 되는 글과 영상을 만드는 것이다.

예를 들어 이런 콘텐츠는 사람들의 욕망을 자극하고,
그 욕망을 충족하도록 도와준다.

1. 제목만 바꿨을 뿐인데, 수익이 1,000만 원 늘었습니다
2. 바둑? 10분이면 기초 끝, 아버지보다 잘 둡니다
3. 이 3가지만 바꿨더니, 사람들이 대하는 태도가 달라졌다!
4. 30대인데 20대처럼 보이는 이유, 이 3가지 덕분입니다

온라인에서는 잘 만든 콘텐츠 하나로
인생이 송두리째 바뀔 수 있다.
'백수가 5개월 9,200만 원 번 방법 모두 공개' (조회수 98만),
나는 이 콘텐츠 한 편으로
4만 7,000명의 구독자를 얻었다.
그 영상을 기점으로 내 소득은 몇 배로 늘었고
인생 반전을 경험했다.

당신도 할 수 있다.
이때 중요한 건 아낌없이 베푸는 자세다.
겨우 콘텐츠 몇 개 노출하고
상업적인 의도를 드러내지 말자.
나중에 크게 벌고 싶다면
먼저 헌신적인 기버 Giver 가 되어라.
상대에게 혜택을 주고
즉시 보답받으려는 마음은 내려놓아야 한다.

사람들은 상대방의 이기심을 느끼면 떠난다.
'이 사람도 자기 이득만 챙기려 하는구나.'
이런 직감이 오는 순간 이탈한다.

(못 믿겠지만 인생 바뀜)백수가 5개월 9,200만 원 번 방법
모두 공개(인증) + 마케팅 방법까지 종결

제공하는 입장에서는 많이 퍼줬다고 억울할 수 있지만
양질의 콘텐츠가 범람하는 세상에서 수용자에게는
턱없이 부족하게 느껴질 수 있다.

소셜미디어의 구루라 불리는 게리 바이너척은
"잽, 잽, 잽, 라이트 훅"이라는 말로 기준을 제시한다.
화끈한 KO를 위해서는 강한 한 방만 날려서는 안 된다.
가볍게 잽을 날리며 작은 호의를 지속해서 베풀어야 한다.
더 많이 퍼주고, 내 의도는 살짝만 녹여내면 된다.

예를 들어 과거 넷플릭스는 신규 고객에게
'첫 달 무료 체험'을 제공했다.
첫 달만 보고 구독을 취소해도 비용이 청구되지 않았다.
고객은 금전적 부담 없이 이 새로운 서비스를 이용할 수 있었다.
흥미로운 콘텐츠를 볼 수 있다는 혜택은 충분하지만
비용 걱정은 전혀 없는 놀라운 마케팅 사례다.
2021년 4월 7일부로 이 무료 체험 서비스는 종료되었지만,
당시 이득을 누린 많은 고객이 여전히 남아서
넷플릭스 콘텐츠를 즐기고 있다.

'고객은 이득은 좇고 손해는 피한다.'

이 말을 명심하고 자신의 비즈니스에 적용해보자.
방향이 옳다면 성과는 따라온다.

팔지 말고 나누며 신뢰를 쌓아라

성공하고 싶다면 무엇을 해야 할까?

답은 간단하다.

당신이 가진 것을 아낌없이 나누는 것이다!

이 말을 듣고 이렇게 반문할 수 있다.

"저는 가진 게 없는데 대체 뭘 나눠야 하나요?"

사실 대부분의 사람은 이미
누군가에게 가치 있는 지식이나 경험을 가지고 있다.
그것을 깨닫지 못할 뿐이다.
우리는 흔히 자신의 능력을 과소평가한다.

예를 들어, 피부관리실에서 일하는 직원은
고객을 케어하는 지식과 기술을 가지고 있다.
하지만 정작 자신의 지식이 특별하다고 여기지 않는다.
매일 반복하는 일이기에 당연한 것으로 치부한다.

나는 매주 수많은 사람을 컨설팅하며 그들의 이야기를 듣는다.
각자의 분야에서 10년 이상 일한 전문가도 많다.
그런데 놀랍게도, 이런 사람들조차
자신의 전문성을 깎아내리곤 한다. 왜 그럴까?
자신을 비슷한 수준의 전문가들과 비교하기 때문이다.
예를 들어, 동네 보습학원을 10년간 경영해온 원장은
비슷한 경력의 원장들을 만나는 일이 많다.
그렇다 보니 그들과 자신을 비교하게 되고,
그들에 비해 뚜렷한 우위를 느끼지 못한다.
하지만 학원 경영을 지금 막 시작한 초보자가 보기에는

그 10년의 경험이 엄청난 지적 자산이자 경쟁력이다.

당신이 가진 지식과 경험은
누군가에게는 더없이 소중한 자산이다.
그것을 나누는 것이 바로 성공으로 가는 첫걸음이다.

그런데 이런 의문이 들 수 있다.
"내 노하우를 무료로 줘버리면 돈을 벌지 못하는 것 아닌가?"
줄눈 시공을 30년 넘게 해온 60대 대표가 있었다.
그는 자신의 시공 노하우를 쇼츠 영상으로 만들어 공유했다.
우리가 기획부터 촬영, 편집까지 함께한 이 쇼츠들은
틱톡에서 39만, 52만, 73만 회 조회수를 기록했다.
그 결과 유료 상담 신청자가 200명이 넘었다.
가치 있는 정보를 아낌없이 공개한 결과,
돈을 내고서라도 상담을 받겠다는 고객이 줄을 선 것이다.

변호사가 승소 과정을 영상으로 전부 공개했다고 해보자.
비슷한 수준의 변호사라면 그걸 따라 할 수도 있다.
하지만 보통 사람들은 모든 과정을 공개해도
그대로 하기는 어렵다.

오히려 그 사람에게 의뢰해야겠다는 생각을 하게 된다.

〈흑백요리사〉의 안성재 셰프가

파인다이닝 요리를 눈앞에서 만든다고 해보자.

우리가 직접 본다 한들 그대로 따라 할 수 있을까?

쉽지 않을 것이다.

기술은 물론 보이지 않는 내공의 차이가 있기 때문이다.

무료로 콘텐츠를 뿌리면 사람들은 그걸 유심히 보면서 생각한다.

'이 사람이 내 문제를 해결해줄 수 있는 전문가인가?'

'이 사람이 진짜 실력이 있는 사람인가? 믿고 맡겨도 될까?'

당신이 가진 지식과 경험의 가치는

감출 때가 아니라 꺼낼 때 커진다.

당신이 가진 것을 나누면 성과는 따라올 것이다.

그럼 어떻게 나눌 것인가?

다음 세 가지 전략을 따르자.

첫째, 무료로 주면 아쉬울 만큼 좋은 아이템을 '재'발견한다

당신이 가진 지식이 대단한지, 평범한지는 중요하지 않다.

그게 누군가에게 도움이 될지를 생각해보라.

누군가가 돈을 내고라도 배우고 싶은 것인가?
그렇다면 그것은 무료로 제공할 수 있는 콘텐츠가 된다.
아무도 원하지 않는 것은 공짜로 나눠봤자 가치가 없다.
'돈을 받아도 사람들이 오겠는데?' 싶은 것을
공짜로 줘야 한다.
바로 그 콘텐츠가 훗날 당신에게 수익을 가져다줄 것이다.

둘째, 지식은 '매뉴얼화'해야 진짜 자산이 된다
전문가는 자식의 지식과 능력을 활용해서 일하고
보수를 받는 데서 그친다.
그런데 그 능력을 체계화해서 강의나 책 같은
'복제 가능한 자산'으로 만들면, 그 가치는 계속해서 확장된다.

그럼 어떻게 지식을 매뉴얼화할 것인가?
예를 들어, 당신의 업이 피부과 일이라면
'고객 응대 → 피부 상태 진단 → 관리 방법'처럼
과정을 나눌 수 있다.
이것을 쉬운 언어나 도표 등으로 바꾸어 설명하라.
다른 사람들이 쉽게 따라 할 수 있도록 하는 것이다.

당신이 그 분야 전문가라는 사실을 '엣지' 있게 알려라.

이것이 무료로 퍼주기의 핵심이다.

영상 하나의 가치를 제대로 이해하고

사람들에게 뭔가를 무료로 줄 수 있다면 절대로 망하지 않는다.

셋째, 콘텐츠의 '객단가'를 높여라

조회수보다 중요한 건 객단가다.

예를 들어, 건당 1만 원 수익이 나는 상품이라고 해보자.

조회수가 100회인데 그중 다섯 명이 구매하면

5만 원의 수익을 낼 수 있다.

그런데 만약 수수료로 1억 원이 발생하는

빌딩 매매 중개 영상을 올렸다면?

조회수가 1만 회 나오고, 그중 0.01퍼센트인

한 명만 거래해도 1억 원의 수익이 발생한다.

상품의 단가가 높아질수록

콘텐츠의 가치도 함께 상승한다.

마음껏 퍼주고 실력을 노출하라.

내가 가진 지식을 무료로 풀면

그것이 필요한 사람들에게 자연스럽게 전달된다.

이 과정에서 구매 전환이 이루어진다.
일전에 나는 전자책을 무료로 푼 적이 있다.
하루 만에 890명이 전자책을 다운받았고,
일주일 동안 약 4,000명이 내 책을 봤다.
그 책을 통해 내 실력을 확인한 사람들이
나에게 '마케팅 의뢰'를 하기 시작했고
구매 전환율이 13퍼센트를 넘겼다.

게다가 온라인에는 고정비와 간접비가 거의 없다.
나의 전문성을 기반으로
온라인 플랫폼 하나만 잘 활용하면
수익은 자연스럽게 따라온다.

아낌없이 나누면 신뢰가 쌓인다

《1페이지 마케팅 플랜》이라는 책은
왜 무료로 오랜 기간 가치를 줘야 하는지
정확히 설명한다.

디지털 정보가 폭발하고 광고가 쏟아지면서
사람들은 점점 더 회의적이 되었다.

잘못된 정보나 과장된 광고에 많이 속아서
당신의 말을 쉽게 믿지 않는다.

고객의 신뢰는 마이너스에서 시작한다.
그러므로 무조건 팔고 보자는 낡은 방식은
더 이상 통하지 않는다.
그렇다면 어떻게 고객의 신뢰를 얻을 수 있을까?
사람들이 문제를 이해하고 해결하는 데 도움이 되는 콘텐츠를
꾸준히 제공해야 한다.
정보, 지식, 노하우, 경험, 인사이트….
지금 당신이 가진 것이라면 무엇이든 좋다.
그래야 사람들은 당신을 '영업사원'이 아니라
'전문가'로 인식한다.
이런 과정을 통해 잠재 고객들과 신뢰를 쌓고
관계를 형성할 수 있다.

지금 당장 사는 사람도 있지만
몇 주, 몇 달, 몇 년 뒤에야 구매하는 사람도 있다.
실제로 내 주변에는 3년 이상 어떤 상품 혹은 서비스를
지켜보다가 구매한 사람도 있다.

중요한 건 결제할 준비가 됐을 때
고객이 이미 당신을 믿고 있어야 한다는 거다.
구매 결정의 순간에 당신은
가장 신뢰할 수 있는 선택지가 되어야 한다.

전문 지식을 무료로 나누는 건 언제 시작해도 늦지 않다.
나이가 많아도 적어도 상관없다.
지금은 배워서 바로 써먹을 수 있는 세상이 됐다.
경험이 자산이 되고, 콘텐츠가 기회가 되는 시대다.
몇 살이든 배우고자 하는 의지,
나누고자 하는 용기만 있으면 된다.
인생의 에너지가 100이라면,
80~90은 배우고 실행하는 데 할애하라.
6개월만 몰입하면 인생이 달라진다.

당신이 아는 것을 나눠라.
그래야 사람들이 당신을 기억한다.
무료로 나누는 건 자선도 마케팅도 아니다.
고객과 신뢰를 쌓는 가장 정직한 투자다.

자본주의는 생산하는 사람이 이기는 게임이다

누구나 월 1,000만 원을 벌 수 있다.
물론 조건이 있다. 당신이 어디에 속할지 결정해야 한다.
세상은 두 부류의 사람으로 나뉜다.

첫째, 생산하는 사람
둘째, 소비하는 사람

자본주의는 생산하는 사람이 이기는 게임이다.

책을 읽고, 강의를 듣고, 콘텐츠를 만드는 사람은
지출이 발생해도 미래의 이익을 위해 투자한다.

반면, 눈앞의 즐거움에만 집중하는 소비자는
기회가 와도 그것을 알아보지 못한다.
멀리 보고 꾸준히 생산하는 사람만이 결국 부자가 된다.

"생산하려면 돈이 있어야 하지 않나요?"
이렇게 물을 수 있다.
그러나 지금은 누구나 무자본으로 생산할 수 있는 시대다.
개인이 무자본으로 가치를 창출하는 가장 빠른 길은 두 가지다.

첫째, 온라인에 글쓰기
둘째, 플랫폼에 영상 올리기

글과 영상이 합쳐지면 더 큰 결과를 만들어낸다.
이 두 가지는 전자책, VOD 강의, 블로그, 유튜브, 쇼츠 등
다양한 형태로 확장된다.
이것으로 성공을 거둔 사례는 이미 넘쳐난다.
강의 플랫폼 '클래스유'에서 어느 강의의 수강료는 월 24,500원,

12개월 기준 297,000원이다.

이 강의를 13,000명이 구매했다면 매출은 38억 원이다.

강사가 수익의 절반을 가져간다면 19억 원이다.

이 강의의 강사가 엄청 유명한가 하면, 그렇지도 않다.
하지만 그는 꾸준히 글을 쓰고 영상을 만들었다.
반면 비슷한 실력을 가진 누군가는
오늘도 가만히 기회만 기다린다.
그 결과는 하늘과 땅 차이다.

어떤 이는 콘텐츠 25개를 팔아서 597만 원의 매출을 올렸다.
충분히 의미 있는 금액이다.
생산자에게는 소득 창출의 기회가 항상 열려 있다.
완벽하지 않아도, 꾸준히 생산하는 사람이 기회를 잡는다.
지금은 스마트폰 하나로 누구든 생산을 할 수 있다.

온라인에서뿐만 아니라,
오프라인에서도 생산하는 사람이 승리한다.
《지식창업자》라는 책에는 강남구 삼성동의 떡 카페 '자이소'를
운영하는 형제 CEO, 박호성·박경민의 사례가 소개된다.

형제는 고등학교 졸업 후 특별한 계획 없이
외삼촌이 운영하는 떡 공장에서 일을 시작했다.
다른 선택지가 없었기에 더욱 절실하게 배웠다.
하지만 전통적인 떡을 고수하는 대신
일본에서 맛본 주먹밥에서 영감을 받아
젊은 감각으로 새로운 형태의 떡을 만들기 시작했다.
다른 떡 체인점과 차별화되면서 이들은
온라인 쇼핑몰에서만 1년에 20억 원의 매출을 올린다.

먹고살기 위해 시작한 일이었지만,
그들은 배운 기술을 '자신만의 방식'으로 가공하고 발전시켰다.
자본주의에서 승자는
'지식을 어떻게 활용하느냐'에 따라 갈린다.
그 지식을 자신만의 콘텐츠로 만들고,
지속적으로 가치를 생산하는 사람이 결국 이긴다.

또 누군가는 스쳐 지나가는 한마디에서 기회를 포착한다.
《창업가의 생각노트》에는 이런 이야기가 나온다.
"누군가의 쓰레기가 나에게는 보물이 될 수 있다."라는
사고의 전환으로 유니콘기업을 만든 창업가가 있다.

바로 '이베이' eBay 의 설립자 피에르 오미디야르다.
그의 여자친구는 과자 통을 수집하는 취미가 있었다.
그녀는 "누군가는 과자를 먹고 통을 그냥 버릴 테지.
그 쓰레기를 나에게 팔면 좋을 텐데."라며 안타까워했다.
그리고 오미디야르에게 "인터넷을 통해 다른 사람들과
수집품을 교환하는 방법이 있었으면 좋겠다."라고
스치듯 말했다.

오미디야르는 나에게는 필요 없는 물건이 다른 누군가에게는
소중한 보물이 될 수 있다는 점에 깊이 공감했다.
그는 여자친구를 위해 특이한 수집품을 사고파는
작은 온라인 거래소를 만들었다.
이 사이트에 관한 소문이 퍼지면서 많은 수집가가
다양한 물건을 사이트에 올리기 시작했다.

사이트 이용자들이 희귀한 수집품을 선점하기 위해
가격 경쟁까지 벌이는 것을 보고 오미디야르는
온라인 경매 시스템을 도입했다.
그렇게 인터넷을 이용해 전 세계 어디서나 손쉽게
특이한 물건을 팔고 싶은 사람과

그 물건을 사고 싶은 사람을 연결하는 서비스인
이베이가 만들어졌다.

왜 사람들은 지식을 돈으로 바꾸지 못할까?
완벽하지 않으면 글을 쓰지 못하고,
욕을 먹을까 봐 영상을 올리지 못하기 때문이다.
하지만 이는 어리석은 생각이다.

첫째, 인간은 아무리 노력해도 완벽할 수 없다.
둘째, 욕을 1도 먹지 않는 콘텐츠는 이 세상에 하나도 없다.

완벽주의는 결과물을 두루뭉술하게 만든다.
오히려 비난을 감수하고 입장을 당당히 밝히는 사람이
날카로운 메시지를 내고 팬을 얻는다.
날카롭지 않은 콘텐츠는 아무리 완벽해 보여도 실패작이다.
그런 콘텐츠는 사람들의 감정을 움직이지 못하기 때문이다.

나는 생활비 1만 원도 감당하기 힘든 시절을 겪었다.
하지만 지금은 하루에 수십만 원을 써도 여유롭다.
콘텐츠 생산자로 변신했기 때문이다.

이제는 마음만 먹으면 한 달에 500만 원, 1,000만 원,
심지어 1억 원도 벌 수 있다.
영상 한 편이 1,000만 원에서 많게는 1억 원까지
수익을 만들기 때문이다.

반면, 소비만 하는 사람은 생산하지 않으면서
남의 결과물에는 쉽게 돌을 던진다.
생산자가 개성 있는 콘텐츠를 직접 만드는 동안
소비자는 생산자가 만들어낸 콘텐츠를
시시콜콜 평가하며 시간을 흘려보낸다.

생산하는 사람은 단지 소득만 늘어나는 게 아니다.
'스케일' 자체가 달라진다.
처음에는 블로그에 글 하나 쓰는 것으로 시작할 수 있다.
그게 쌓이면 전자책으로 묶을 수도 있다.
전자책이 반응을 얻으면 강의도 하고 컨설팅도 할 수 있다.
이렇게 다양한 콘텐츠가 파생되면서 소득도 영향력도 커진다.

**결국 생산자가 되는 건 돈을 버는 것을 넘어서
자신만의 생태계를 만드는 출발점이 된다.**

돈을 벌고 싶다면 오늘 당장 두 가지를 하라.
글을 쓰고, 영상을 올려라.
실력은 비슷해도 실행력에 따라 성패가 갈린다.
매일 생산하는 사람은 자신감과 확신을 얻는다.

나는 '쪽팔림'을 무릅쓰고 콘텐츠를 올려서
10배 나은 인생을 얻었다.
그 후 창피함은 더 이상 고려 대상이 아니게 되었다.
체면과 자존심을 내려놓는 순간, 실행은 시작된다.

작은 행동도 100번 쌓이면 기적이 된다

가진 것도 없고, 희망도 없는가?
비빌 언덕이 없어서 억울한가?
그러나 다른 사람들에게 기대지 않고도 성공할 수 있다.
JYP 박진영은 "인맥은 단기적으로만 도움이 된다."라며
인맥 쌓기에 집착하지 말라고 했다.

장기적으로 살아남는 건 결국 실력을 쌓은 사람이다.
그럼 어떻게 실력을 쌓을 것인가?

미친 척하고 무엇이든 딱 100번만 해보라.
특히 본업 외에 월 300만 원 이상 추가 소득을 벌고 싶다면
다음 세 가지 과정을 따라보라.

첫째, 나만의 아이템을 찾아라

무엇을 팔 것인지부터 정해야 한다.
처음엔 막막할 수 있지만,
내가 흥미가 있거나 잘 아는 분야로 좁혀보면 된다.
아이템을 정했다면 최소 100곳의 공급처에서
견적을 받아보자.
시장 가격을 조사하는 데 하루 10곳씩, 10일이면 충분하다.
대부분은 두세 번 알아보다가 "돈이 안 될 것 같다."라며
포기한다.
그러나 100번을 시도해보면 시장 감각이 생기고,
어떤 아이템이 경쟁력 있는지 보이기 시작한다.

둘째, 판매 활동을 시작하라

최소 100번 이상 판매 글을 올려야 한다.
이를 실행하려면 한 달은 족히 걸린다.
보통 한두 번 판매 글을 올려보고 팔리지 않으면 그만둔다.

그러나 결과에 상관없이 100번 이상 판매 글을 올려보면
제목 작성부터 상세 페이지 구성까지
자연스럽게 감이 잡힌다.

셋째, 트래픽을 만들어라

글과 영상을 합쳐 100개 이상 콘텐츠를 올려보라.
예를 들어 글 90편, 영상 10개를
일정 기간 내에 만들어보는 것이다.
온라인 비즈니스에서 가장 중요한 것은 노출,
즉 트래픽이다.
콘텐츠를 생산해서 노출시키지 않으면,
사람들의 신뢰도 매출도 영향력도 얻을 수 없다.

반복이 쌓이면 시장이 보인다

세 과정을 거치면 매출 100만 원이든, 500만 원이든
달성할 수 있는 체력이 생긴다.
어떻게 팔고 어떻게 표현해야 하는지에 대한 감각이 생긴다.
그러면 남에게 의지할 필요가 없어진다.

답은 언제나 시장에 있다.

명절 선물로 인기 있는 홍삼 건강 스틱을 팔고 싶다면,

인터넷에서 '건강기능식품 선물 세트'라는

키워드를 검색한다.

그렇게 나온 상위 판매자의 제목과 설명을 참고한다.

그리고 제품에 적힌 공급처 전화번호로 연락해

견적서를 받는다.

이 과정이 처음에는 어려울 수 있다.

하지만 100번을 반복하면 숨 쉬듯 자연스러워진다.

아이템 선정부터 제목과 내용 작성까지

실천 없이는 익힐 수 없다.

'완벽한 결과를 내고 싶다'는 욕심을 내려놓자.

경험은 시행착오를 동반한다.

지금 유명한 전문가들도 처음엔 서툴렀다.

무수한 실패를 경험하며 능숙해졌을 뿐이다.

초보자가 100번 판매를 해보면,

최소한의 전문성을 얻게 된다.

그리고 중요한 깨달음을 얻게 된다.

결국 고객은 제품이 아니라 신뢰를 구매한다는 것이다.

고객은 상품만큼 혹은 그 이상으로
판매자의 태도와 출처를 따진다.

신뢰를 쌓은 사람은 고객에게 쉽게 간택받는다.
신뢰를 바탕으로 새로운 제품도 당신에게서 구매하려 한다.
중고 거래도 마찬가지 아닌가.
거래 이력이 쌓이면 당신의 계정은 신뢰를 담은 자산이 된다.
작게 시작해도 꾸준히 반복하면 더 넓은 기회가 열리는 법이다.
거래는 결국 관계의 문제다.
그리고 신뢰는 단순한 말이 아니라 일관된 행동에서 나온다.

어떻게 무언가를 100번 가까이 꾸준히 할 수 있을까?
나는 《꾸준히 하는 습관의 기술》에서 그 해답을 찾았다.
의무감과 압박감을 느끼면 꾸준히 할 수 없다.
'해야 한다'는 압박은 스트레스를 만들고,
뇌는 스트레스를 회피하려고
'오늘은 쉬자'는 유혹을 보낸다.

그래서 꾸준히 하고 싶다면 '하고 싶다'는 감정,
설레는 마음을 따라야 한다.

즐겁게 몰입할 수 있어야 지속된다.
감정을 억누르지 말고,
내 안에서 올라오는 작은 '호기심'과 '설렘'에 집중하라.
그것이 꾸준함의 진짜 원천이다.

무엇이든 100번쯤 해보면 본질이 보인다.
그때부터 남들보다 한 발 앞선 실력을 갖게 된다.
왜냐하면 대부분은 100번도 채우지 못하고
중도에 그만두기 때문이다.
100번을 채우는 사람만이 상위 10퍼센트에
들어갈 수 있다.

아이템을 찾는 데 100번,
판매 글을 쓰는 데 100번,
콘텐츠를 생산하는 데 100번.

이 300번의 행동이 당신의 삶을 바꾼다.

고객의 기대치를
단 1퍼센트만 뛰어넘어라

요즘은 어느 동네를 가도 카페가 넘쳐난다.
체감상 카페가 편의점보다 많은 것 같다.

통계청에 따르면 2022년 말 기준,
대한민국 커피 전문점 수는 10만 곳이 넘는다.
종사자 수도 27만 명 이상이다.
이처럼 포화된 시장에 새로 진입하려는 창업자라면
누구나 불안감을 느낄 수밖에 없다.

"어떻게 남들과 차별화할까?"

"고객에게 어떤 경험을 줘야 할까?"

수없이 고민하지만,

아무리 준비해도 부족하다는 느낌이 들곤 한다.

같은 커피를 팔아도 손님이 줄을 서는 곳이 있다.

그곳은 고객의 기대치를 단 1퍼센트라도 넘긴 곳이다.

사람들은 겉보기에 압도적으로 잘나가는 매장을 보며

그저 운이 좋거나 마케팅이 뛰어나서라고 생각한다.

그러나 실제로는 작은 디테일이 그 차이를 만들어낸다.

그곳엔 자신이 늘 주문하는 메뉴를 기억해주는

직원이 있고, 따뜻한 미소와 작은 배려가

분명히 느껴지기 때문이다.

나는 '경쟁자가 아닌 고객을 먼저 보라'고 권한다.

경쟁자를 무시하라는 말이 아니다.

다만 시선을 '고객'에게 집중하자는 뜻이다.

어떻게 고객 마음을 사로잡을 수 있을지

연구하라는 이야기다.

핵심은 고객의 기대를 단 1퍼센트만이라도 넘기는 것이다.

완벽한 차별화는 말처럼 쉽지 않다.

자본도, 에너지도 한정적이기 때문이다.

그렇기에 더더욱 '1퍼센트의 디테일'이 중요하다.

나는 매주 수많은 자영업자와 소상공인,

중소기업 대표들을 컨설팅한다.

지난해에만 수백 명을 만났다.

그들 대부분은 자기 아이템이

남들과 다르지 않다는 사실을 알고 있다.

그리고 바로 그 점에서 좌절한다.

역으로, 그 때문에 마케팅에 더 큰 기대를 걸기도 한다.

하지만 요즘은 상품이나 서비스 자체만으로

차이를 만들기 어렵다.

악마는 디테일에 숨어 있다.

매일 1퍼센트씩 차이를 만들겠다고 다짐하고,

디테일을 채워야 한다.

그 시작은 '상품 너머의 가치'를 전하는 데 있다.

사람들은 단순히 상품을 사는 게 아니라,
그것을 파는 '사람'에게서 구매한다.
판매자에 대한 신뢰가 구매 결정에 큰 영향을 미친다.
이것이 내가 가장 중요하게 여기는 지점이다.

신뢰는 그냥 생기지 않는다.
먼저 믿음을 주고, 영향력을 구축해야 한다.
다행히 오늘날은 개인도 노력만 하면
일정 수준 이상의 영향력을 만들 수 있는 시대다.
인플루언서가 대표적인 예다.
오랜 시간 쌓아온 신뢰 덕분에
그들이 추천하는 어떤 상품이든 순식간에 팔려나간다.

이 과정을 우리도 할 수 있다.
예컨대 상품을 개발하면서 겪는 시행착오와 고민을
솔직하게 SNS에 기록해보자.
진심은 전파된다. 사람들은 당신의 시작부터 과정을 지켜보며
응원하고, 그 진심에 반응할 것이다.

나 역시 그랬다.

지난 4년 6개월 동안의 성장 과정을
유튜브에 고스란히 담았다.
수많은 시행착오와 실수도 숨기지 않았다.
지금은 서비스도 훨씬 업그레이드되었고,
그 진심과 투명성이 신뢰를 만들었다.
지금의 비즈니스를 이끄는 가장 큰 힘이 바로 그것이다.
나는 특별한 사람이 아니다.
다만 매일 1퍼센트씩 다름을 추구했을 뿐이다.
작지만 효과적인 시도를 꾸준히 해왔을 뿐이다.

게다가 요즘 세상에는 더 이상 '게이트키퍼'Gatekeeper가 없다.
예전에는 누군가의 허락이 있어야 문이 열렸다.
PD의 선택을 받아야 방송에 나가고,
출판사의 눈에 들어야 책을 낼 수 있었다.
그런 문 앞을 지키는 사람들이 바로 게이트키퍼였다.
하지만 이제는 그런 문이 사라졌다.
원하는 사람은 누구든
스스로 문을 만들고 열 수 있는 시대다.
지금은 내가 시도하는 만큼 얻는 세상이다.
이를테면 마케팅 활동을 생각해보자.

하루에 영상을 한 개 올리든, 세 개 올리든
누구도 막지 않는다. 불공정도 아니다.
나는 예전에 SM엔터테인먼트의 유튜브 채널을
분석한 적이 있다.
하루에 다섯 개 이상 콘텐츠가 올라오는 날도 있었다.
여력만 된다면 당신도 그렇게 시도할 수 있다.
콘텐츠가 많아질수록 시장에 미치는 영향도 커진다.

다른 사람들보다 경쟁력을 높이려면
고객과의 접점을 늘려야 한다.

고객을 내 편으로 만들어야 한다.
충성 고객을 얻는 데는 수년이 걸리지만,
잃는 데는 단 몇 초면 충분하다.
요즘은 유튜브의 짧은 영상 하나로도 신뢰가 깨지곤 한다.
새로운 고객을 얻는 것도 어렵지만,
한 번 떠난 고객을 되돌리는 일은 훨씬 더 어렵다.

실제로 기존 고객에게 뭔가를 판매할 가능성은
60~70퍼센트인 반면,

신규 고객에게 판매할 가능성은
5~20퍼센트에 불과하다는 연구 결과가 있다.
그래서 고객과의 관계에 공을 들이는 것이야말로
가장 효율적인 투자다.

고객을 단순한 판매 대상이 아니라,
인생의 동반자로 대하라.
그러면 고객은 디지털 공간에서
당신의 든든한 대변인이 되어줄 것이다.
반대로 고객의 존재를 당연하게 여기면
언젠가 뼈아픈 대가를 치르게 될 것이다.

끊임없이 고객의 눈에 띄어라.

우리의 목표는 고객에게 가장 자주, 많이,
자연스럽게 떠오르는 사람이 되는 것이다.
일주일에 적어도 한 번은 콘텐츠를 만들어라.
꾸준함은 천재도 이긴다.
자신의 분야에서 꾸준히 콘텐츠를 만들고,
그것을 세상에 알리는 일을 멈추지 마라.

그 모든 1퍼센트의 노력이 쌓이면,
언젠가 고객의 기대를 훌쩍 뛰어넘는 순간이 찾아올 것이다.

돈이 자동으로 벌리는 '마케팅 뇌'를 탑재하라

사업에서 가장 중요한 요소는 마케팅이다.
그런데 많은 사람이 마케팅을 어렵다고 여기고,
나와는 상관없는 이야기라고 생각한다.
"상품만 잘 만들면 알아서 팔리겠지."
나도 그랬다. 하지만 그것은 착각이었다.
아무리 훌륭한 제품도 고객에게 닿지 않으면,
그건 단지 창고에 쌓인 재고일 뿐이다.

나는 '마케팅 뇌'를 탑재하기로 결심했다.
그 순간부터 모든 게 달라졌다.
세상이 다르게 보이기 시작했다.

마케팅이 돈을 버는 기술이 아니라,
사람의 마음을 얻는 기술이라는 사실을 깨달았다.

마케팅은 단순한 판매 기술이 아니다.
'고객이 원하는 가치를 제공하고,
그 대가로 돈을 받는 일'이다.
고객은 단순히 상품을 사는 게 아니라,
'자신에게 이득이 되는 선택인가'를 냉정하게 따진다.
지불한 돈보다 얻는 가치가 동일하거나 크다고 느낄 때,
고객은 구매를 결정한다.
결국 마케팅은 고객의 선택을 유도하는 설득의 기술이며,
그 설득은 '가치' 위에서만 가능하다.

마케팅은 거창하거나 복잡한 개념이 아니다.
우리가 살아가는 일상에서 매일 일어나는 활동이다.
점심시간을 떠올려보자.

회사 동료들과 점심 메뉴를 고를 때,
우리는 이미 무언가를 '선택'하고 있다.
그런데 그 선택 뒤에는 꼭 무언가의 흔적이 있다.
최근 본 SNS 게시물, 길거리 간판, 지인의 추천,
혹은 할인 혜택….

예를 들어 '○○제육덮밥집'이 떠올랐다면
그 식당의 마케팅이 효과적으로 작동한 것이다.
당신의 뇌리에 남은 것은
'가성비 좋은 직장인 덮밥'이라는 문구였을 수도 있고,
따뜻한 분위기의 사진 한 장이었을 수도 있다.

사람은 자기도 모르게 마케팅에 반응하며 살아간다.
우리는 매일 무언가를 구매하고, 거기엔 분명 이유가 있다.
그리고 그 이유를 따라가면
늘 마케팅이라는 퍼즐 조각이 끼어 있다.

나는 영화관에 잘 가지 않는다.
그런데 어느 날, 송혜교 주연의 새 영화가
곧 개봉한다는 사실을 알게 됐다.

찾아본 적도 없는데 어떻게 알았을까?
유튜브에서 우연히 본 송혜교 인터뷰,
추천 영상에 뜬 또 다른 연예인의 콘텐츠,
그리고 이어서 노출된 송혜교 주연의 영화 티저.

이 모든 것은 마케팅이라는 퍼즐의 연쇄작용이다.
알고리즘과 콘텐츠, 이미지와 문구가 어우러져
하나의 인지 구조를 형성한다.
내가 관심도 없었던 영화를 기억하게 만드는 것,
그게 바로 마케팅의 힘이다.

마케팅은 더 이상 특별한 이벤트가 아니라,
지금도 당신을 감싸고 있는 공기 같은 것이다.
당신이 숨 쉬며 살아가는 모든 순간,
마케팅은 당신을 설득하고, 유혹하고, 기억하게 만든다.

그러므로 우리가 '마케팅을 모른다'는 건 어불성설이다.
반대로 마케팅을 배우겠다고 마음먹으면
일상은 곧 학교가 된다.
마케팅과 관련된 아이디어는 주변 어디에서나 포착된다.

각종 매장, 온갖 프로모션이
어떻게 당신의 마음을 흔드는지 살펴보라.
지갑이 간질거린다면 자신에게 그 이유를 물어봐라.

'마케팅 뇌'를 키우는 방법은 생각보다 간단하다.

첫째, 자신의 구매 과정을 살펴라.
내가 소비자로서 어떤 선택을 했는지, 그 과정을 복기해보라.
- 나는 왜 그 옷을 샀을까?
- 왜 그 앱을 깔았을까?
- 왜 그 식당을 선택했을까?

둘째, 그 이유를 생각해보고,
자신의 비즈니스에 적용해본다.

이것이 내가 마케팅 뇌를 키우기 위해 한 일이다.
그 결과, 누가 어떤 아이템을 가져와도 일목요연하게
솔루션을 제공할 수 있게 되었다.
마케팅은 결국 사람의 욕망을 읽는 게임이고,
나는 그 연습을 숱하게 해봤다.

마케팅은 당신이 파는 물건이나 서비스가
충분한 가치를 준다고 설득하는 과정이다.
여기서 '가치'를 더 쉬운 말로 풀어쓰면 어떨까?
앞서 언급한 다음 10가지로 정리할 수 있다.

1. 돈을 번다.
2. 돈을 아낀다.
3. 시간을 절약한다.
4. 노력을 줄인다.
5. 신체적·정신적 고통을 줄여준다.
6. 편안함을 준다.
7. 건강을 증진한다.
8. 칭찬을 받게 한다.
9. 사랑받게 한다.
10. 사회적 지위나 인기를 높여준다.

이 모든 가치는 고객의 구매 결정을 좌우하는 핵심 요소다.
고객이 어떤 선택을 할 때
이러한 가치 중 몇 개라도 만족할 수 있다면,
판매자는 성공적으로 가치를 전달한 것이다.

이 점을 이해하면 더욱 효과적으로 마케팅 전략을 세울 수 있다.

가치란 결국 '인간의 욕구와 욕망'이다.
고객은 단순히 제품을 구매하는 게 아니라,
욕망을 충족하는 경험과 정체성을 산다.
롤렉스를 사는 사람은 시계를 구매하는 게 아니라
'성공한 사람'이라는 상징과 이미지를 사는 것이다.
마케팅은 이 '보이지 않는 욕망'을 포착하고,
그에 맞게 가치를 포장하는 작업이다.

가격 경쟁에만 매달리면 모두가 망한다.
싸게 팔면 고객이 당장은 만족할 수 있지만,
당신의 사업은 오래가지 못한다.
당신이 제공하는 가치가 경쟁사보다 낫다는 걸 증명하라.
그게 진짜 마케팅이다.

결국 마케팅의 출발점은 기술이 아니다.
진심이다.
"이 상품을 내 엄마에게 줄 수 있는가?"
"내 자식에게도 자랑스럽게 권할 수 있는가?"

이 질문에 고개를 끄덕일 수 있어야
그 마케팅은 진짜다.

지금 시대는 경쟁이 일상이다.
자영업자든, 프리랜서든, 회사원이든,
우리는 모두 '나'를 팔며 살아가는 존재다.
그렇기에 마케팅은 선택이 아닌 필수다.

당신의 직업이 무엇이든,
'마케팅 뇌'는 생존 도구다.

당신이 가치를 전할 수 있다면,
그 가치는 반드시 누군가에게 도달할 것이다.
그 시작은 바로 '내가 왜 이걸 샀는지 생각해보는 습관'이다.

이 작은 습관이 당신의 인생을 바꾼다.
그리고 이 습관이 쌓이면,
돈이 자동으로 벌리는 '마케팅 뇌'가 완성될 것이다.

절대 실패하지 않는 방법, 즐거움에서 출발한다

글천개
마인드
1

나는 미친 듯이 성공하고 싶었다. 그래서 성공한 사람들을 면밀히 연구했다. 인사 관리, 조직 운영, 아이템 개발, 시장 조사, 고객 응대, 스케일업(사업 확장), 세금 문제 등 성공의 요소는 끝이 없었다.

당황스러운 건, 이 모든 걸 능숙하게 해내도 반드시 성공한다는 보장이 없다는 것이었다.

그런데 진짜 잘되는 사람들에게는 한 가지 공통점이 있었다. 그건 바로 '즐거움'이다.

예를 들어 대구에서 재활 PT로 유명한 조 선생은 다른 곳보다 비싼 비용을 받는다. 그런데도 문전성시를 이룬다. 그는 10년 넘게 전문적인 의학 서적을 독파했다. 단순히 돈을 벌기 위해서가 아니었다. 자신이 좋아하는 일을 더 잘하고 싶어서였다.

피낭시에를 만드는 유 대표는 레시피 하나를 완성하려고 전국 팔도를 돌아다녔다. 유명한 셰프들을 만나서 배우고 수백 번의 실패를 거듭했다. 실패 속에서도 이 과정을 계속할 수 있었던 건 즐거움이 있었기 때문이다.

스물여덟 살의 젊은 나이에 호두정과로 수십억 매출을 올린 전 대표는 끊임없이 실험했다. 일반적으로 호두정과는 끈적거리거나 금방 눅눅해진다. 하지만 그는 수백 번의 실험 끝에 바삭하고 몇 개월이 지나도 처음 상태로 유지되는 제품을 만들어냈다. 그 열정과 실험의 원천은 즐거움이었다.

즐거움에는 강력한 힘이 있다. 《더 빠르게 실패하기》에 즐거움에 관한 실험이 나온다. 30년에 걸친 일련의 연구 실험에서 코넬 대학의 심리학자 엘리스 아이젠은 긍정적인 기분을 느끼는 사람은 사고하는 방식도 다르다는 사실을 밝혀냈다.

그중 한 연구는 의사들의 임상적 사고 Clinical Reasoning 를 측정하는 실험이었다. 의사들은 간 질환 환자의 질병을 진단하기 전에, 사탕 한 봉지를 받았다. 긍정적인 기분을 상승시키려는 연구진의 선물이었다.

사탕을 받거나 먹은 의사들은 긍정적인 기분을 느꼈다. 그 결과

그들은 진료 정보를 좀 더 빠르게 통합했다. 처음 내렸던 오진을 인정하고, 그 진료를 고집할 확률이 더 낮아졌다.

아이젠의 또 다른 연구에서는 긍정적인 기분을 느낀 협상가들이 복잡한 교섭에서 통합적이고 유연한 해결책을 찾을 확률이 더 높다는 사실이 밝혀졌다.

아이젠과 동료들의 다년간의 연구를 종합하면, 즐거운 사람들이 훨씬 더 유연하게 사고하며 복잡한 정보를 더 잘 처리할 수 있다는 사실을 알 수 있다.

한편, 하버드 대학의 테레사 아마빌레 교수는 지난 30년간 일터에서 행복을 느끼고 창의적 사고를 끌어내는 요소가 무엇인지 연구해왔다. 그의 연구 결과는 내적 동기가 열쇠임을 증명했다. 내적 동기란 일 자체를 기쁨과 만족과 흥미의 원동력으로 삼는 태도다. 즐거운 기분을 바탕으로 일을 해야 끝까지 해낼 수 있다.

왜 즐거움이 실패를 막아주는가?

즐거움은 지속 가능성을 만들어준다. 현실은 고통스럽고 두려운 일로 가득 차 있다. 하지만 즐거움이 있으면 고통을 감내하는 힘이 생긴다.

예를 들어 하루 두 시간밖에 자지 못하는 극한의 상황 속에서도 '참기만 하면 3개월 뒤 5억을 벌게 된다'는 희망이 있다면 그 고통을 기꺼이 견딜 수 있다.

즐거움은 고난을 넘어서는 내구력을 만든다. 이는 마치 사막에서 조난당한 사람이 희망 없이 하루 이틀을 버티는 것과, 물을 찾겠다는 목표가 있는 사람이 1개월을 버티는 차이와 같다.

게다가 즐거움이 있는 사람들은 보통 과거에 작으나마 성공 경험이 있다. 이런 성공 경험을 바탕으로 새로운 도전을 두려워하지 않는다.

앞에서 말한 전 대표는 과거 곰탕 사업으로 이미 성공을 경험했다. 이 성공은 그가 호두정과 사업에 도전하는 데 힘을 실어줬다. 그는 3개월 만에 대량 생산 시스템을 구축했고 지금은 또 하나의 성공 신화를 만들어가고 있다. 과거의 성공 경험이 미래의 성공 기반이 되었다. 성공하는 사람들은 이렇듯 작은 성취를 계속 굴려간다.

즐거움이 만든 압도적 아이템

즐거움은 아이템의 질을 높인다. 앞에서 예로 든 호두정과도 수백 번의 실험 끝에 탄생했다. 이처럼 즐거움이 있는 사람은 단기간에 남들보다 훨씬 빠르게 고도화된 아이템을 만들어낸다. 이는 지속적인 선순환 구조를 만든다.

나 역시 글과 영상을 만드는 게 즐겁다. 이를 통해 사람들의 문제를 해결하는 데 큰 보람을 느낀다. 나를 통해서 인생이 바뀌었다며 고객이 감사 인사를 해올 때마다, 내가 세상에 좋은 영향을 주고 있다는 생각이 든다.

이런 즐거움 덕분에 매일 새로운 영상을 기획하고 촬영하며, 고객들과 상담하는 시간이 기다려진다. 그 결과 4년 전, 처음 유튜브를 시작했을 때보다 나의 콘텐츠 퀄리티는 상당히 많이 발전했다.

아이템이 없다고 좌절하지 마라

지금 아이템이 없다고 좌절할 필요가 없다. 사업이라는 건 결국 학습의 과정이다. 이는 배움을 통해서 가능하고, 배움은 시도에서 나온다. 인사 문제, 조직 관리, 고객 불만 처리, 세금 문제 등 수많은 실패를 경험하며 사람은 성장한다.

중요한 건 실패를 단순히 실패로 끝내지 않고, 배움으로 승화하는 자세다. 인생의 모든 고난이 결국 내 성공을 위한 재료가 된다. 나는 여러 차례 사업에 실패했다. 그러나 매 순간이 나에게는 실력을 높이는 과정이었다.

성공의 비결은 즐거움에 있다. 내가 하는 일이 단순히 의무감에서 비롯된 것이라면, 그 일로 성공하기는 무척 어렵다. 반대로 즐겁게 일을 한다면, 사업적으로도 재무적으로도 큰 성과를 낼 가능성이 커진다.

즐거움을 발견하려면 자신에게 물어보라.
"지금 돈과 시간이 충분하다면 당신은 무엇을 하고 싶은가?"
강제로 시켜서 하는 일이 아니라, 자발적으로 하고 싶은 그 일이 바로 당신의 즐거움이다. 이 즐거움이야말로 사업에서 실패하지 않는 방법이다.

마지막으로《더 빠르게 실패하기》에 나온, 매일 삶을 즐거움으로 바꾸는 방법을 소개하겠다. 삶을 즐거운 순간들로 채우려면 어떻게 해야 할까? 먼저 자신의 감정적 경험의 패턴을 살펴야 한다.

그중 한 가지 도구는 일기다. 많은 연구에 따르면, 매일 일기를 작성하면 정서적, 인지적, 조직적 이점이 있다. 날마다 일기에 담아 볼 만한 내용은 다음과 같다.

- 오늘 특히 즐거웠던 일은 무엇인가?
- 오늘 배운 흥미로운 사실은 무엇인가?
- 삶과 일, 가족과 친구에게 감사함을 느낀 일은 무엇인가?
- 호기심을 자극한 일은 무엇인가?
- 놀라움으로 가득 차게 한 것은 무엇인가?
- 아름다우며 영감을 불러일으키는 것을 보았는가?
- 새롭게 시도해본 일이나 처음 가본 곳이 있었는가?
- 사람들과의 관계에서 보람찬 일이 있었는가?

즐거움은 저절로 나오지 않는다. 당신의 일이나 삶에서 적극적으로 즐길 수 있는 요소를 찾아라. 그러면 언제나 즐거움이 당신을 반길 것이다.

제2장

작은 회사가 살아남는 매출 급상승 전략 5

조선 시대부터 내려온
판매의 절대 공식

돈을 버느냐 못 버느냐에는 여러 이유가 있겠지만, 그 모든 문제를 꿰뚫는 단 하나의 공식이 있다.

매출 = 유입량 × 전환율 × 단가

이 공식을 이해하면 반전이 시작된다.

샤넬 매장을 생각해보자.

하루에 100명이 방문하고,

그중 다섯 명이 가방을 구매한다고 할 때,

가방 한 개당 400만 원이라면 전환율은 5퍼센트다.

그럼 하루 매출은 얼마일까?

100명(유입량) × 5퍼센트(전환율) × 400만 원(단가) = 2,000만 원(매출)

이 간단한 계산 속에 사업의 핵심이 숨어 있다.

유입량을 늘리든,

전환율을 높이든,

단가를 올리든,

세 가지 중 하나만 바꿔도 매출은 즉시 반응한다는 것이다.

1. 유입은 트래픽 확보의 문제다

블로그, 유튜브, SNS, 광고 등은 모두 유입을 위한 통로다.

유입량을 2배로 늘리면 매출이 2배 증가한다.

2. 전환율은 설득의 문제다

상세 페이지, 카피, 후기 등 고객을 설득하는 콘텐츠와 페이지 구성이 핵심이다.

전환율을 높이면 더 적은 방문자로도 더 많은 매출이 가능하다.

3. 단가는 가치의 문제다

더 높은 가치를 제공하면, 더 높은 가격도 정당화된다.

적절한 가격 설정이 관건이다.

매출이 나오지 않는다면

유입량, 전환율, 단가 중

무엇이 문제인지 파악해야 한다.

사람들은 인기 유튜버를 보고 흔히 말한다.

"운이 좋았겠지."

그러나 그들은 유입과 전환의 속성을 아는 달인이다.

자신만의 경험치를 쌓아 콘텐츠로 구독자를 불러모으고,

스토리텔링으로 지갑을 열게 한다.

돈을 벌고 싶다면 먼저 목적을 명확히 해야 한다.

단순히 수익을 올릴 것인가,

아니면 퍼스널 브랜딩을 할 것인가?

매출을 늘리고 싶다면 유입과 전환,

둘 다에 집중해야 한다.

반면, 퍼스널 브랜딩이 목적이라면

유입에만 집중해도 충분하다.

유입량, 전환율 그리고 단가를 높이는 방법은 다음과 같다.

1. 유입량 늘리기

글쓰기와 영상 제작 혹은 유료 광고를 집행한다.

글과 영상을 꾸준히 올려야 유입량이 늘어난다.

블로그 한 편, 영상 하나가 수십만 명을 부른다.

나는 98만 조회수를 기록한 영상을 보유하고 있다.

클릭당 비용Cost Per Click, CPC이 약 500원이라면 조회수 98만을 만들기 위해 약 4억 9,000만 원의 광고비가 필요하다.

물론 CPC와 조회수가 완전히 같은 개념은 아니다.

하지만, 콘텐츠를 제작하면 막대한 비용 없이

고객 유입을 늘릴 수 있다.

2. 전환율 높이기

전환은 사람들의 '마음을 움직이는 것'이다.

상세 페이지를 개선하고 구매 논리를 강화하자.

설득력 있는 상세 페이지를 통해 전환율을 상승시키는 것이다.

사업가는 최소한의 글쓰기 능력을 갖춰야 한다.

헤밍웨이처럼 대단한 문장을 쓸 필요는 없다.

필요한 것은 '상대방의 문제를 해결하는 글'이다.

이를 위해 설득력 있는 글이나 영상을 레퍼런스로 삼아보자.

3. 단가 높이기

팔려는 상품이나 서비스의 가치에 맞는 적절한 가격을 설정한다.

초기에는 간단한 제품으로 출발하자.

예를 들어, 엑셀 강의 전자책을 만들어서

가격을 2만 원으로 책정하고

하루에 10개 목표로 판매해보는 것이다.

한 달만 경험을 쌓아도 자신만의 수익 구조가 잡힌다.

궁극적으로는 제품 또는 서비스의 가치를 높여야

단가를 올릴 수 있다.

매출 공식은 단순한 계산법이 아니다.

행동 방침과 전략을 정립하는 도구다.

오늘부터 이 공식을 기준으로 매출을 끌어올려라.

"복잡하게 생각할 것 없이 열심히 팔기만 하면 되지 않나요?"
대부분의 판매자는 '팔기'부터 생각한다.
하지만 이런 접근법은 소비자에게 본능적인 거부감만 준다.
'팔기'만 강조해서는 평판이 떨어질 수 있다.

"팔지 말고, 사게 하라."
이것은 조선 시대에도 통하는 판매의 제1법칙이다.
먼저 상대방이 원하는 가치를 제공해야 한다.
고객이 당면한 문제를 찾아 그 해결책을 제시한다.
그러면 그 과정에서 신뢰는 자연스럽게 쌓인다.
판매자를 믿게 되면 소비자는
자발적으로 제품이나 서비스를 산다.
굳이 '설득'하지 않아도 고객이 스스로
구매 결정을 내리게 되는 것이다.

예를 들어, 누군가에게 부동산을 소개한다고 해보자.
"이 집을 사세요. 이건 최고의 투자예요!"
이런 말을 들으면 경계심부터 생길 것이다.
반면, "이 지역의 시세와 전망 자료를 준비했습니다."라고
시작한다면, 상대는 정보를 더 알고 싶어 할 것이다.

사람들이 원하는 것은 '가치 있는 정보'다.
소비자가 정보를 먼저 접하고 신뢰가 생기면,
'판매자'가 아니라 '전문가'로 볼 것이다.
그런데 정보를 제공하지 않고 판매부터 하려 하면
소비자는 판매자를 단순한 '장사치'로 인식한다.

"경쟁하지 말고, 차별화하라."라는 경영 격언을 기억하자.
차별화는 거창한 기술이나 마케팅이 아니다.

문제 해결 → 신뢰 → 구매 결정

이 순서를 지키는 것만으로 차별화할 수 있다.
판매는 상대방의 문제를 해결하는 게임이다.
고객이 진정으로 원하는 정보만 제공하면,
사지 말라고 해도 고객이 몰려온다.

"팔지 말고, 사게 하라."
"경쟁하지 말고, 차별화하라."

이 두 문장을 실천하면 매출이 달라진다.

전략 1

신뢰가 매출을 결정한다

사람들은 매출을 늘리기 위해 다양한 전략을 시도한다. 하지만 대부분 본질을 놓치고 겉핥기식 접근에 머문다. 사업에서 매출은 단순히 숫자 이상의 의미를 가진다.

앞서 매출은 세 가지 요소로 결정된다고 했다.

유입량 × 전환율 × 단가

매출을 늘리고 싶다면, 이 세 가지 요소를 어떻게 조정할지부터
이해해야 한다.
예를 들어, 상품 가격이 19,000원이고
월 매출 300만 원을 목표로 한다면?
한 달에 약 160개를 판매해야 한다.
이를 달성하려면 1,000명이 유입된다고 할 때,
그중 16퍼센트가 구매하도록 만들어야 한다.

하지만 이 공식을 단순히 숫자로만 접근하면
매출 증대의 본질을 놓칠 수 있다.
그건 바로 유입과 전환을 일으키는 힘, '신뢰'다.

신뢰를 쌓는 세 가지 요소

매출과 신뢰는 비례한다.
신뢰가 없으면 고객은 구매하지 않는다.
따라서 매출을 늘리기 위해서는 신뢰를 쌓는 데 집중해야 한다.
신뢰는 다음 세 가지 요소로 구축된다.

1. 말: 당신이 하는 약속과 주장
2. 행동: 말과 일치하는 실천과 증명
3. 친밀감: 고객과의 인간적인 유대감

신뢰는 단순히 말을 잘한다고 쌓이지 않는다.
말과 행동이 일치해야 하며,
친밀감을 더해 고객과의 관계를 강화해야 한다.
이 과정에서 주의해야 할 점이 있다.
그건 바로 '이기심'이다.

신뢰를 수식으로 표현하면 다음과 같다.

신뢰 = (말 + 행동 + 친밀감) ÷ 이기심

이기심이 0에 가까울수록 신뢰는 크게 상승한다.
반대로 이기심이 커지면 신뢰는 급격히 감소한다.
말과 행동이 일치하더라도
고객이 당신의 행동에서 이기심을 느끼는 순간,
신뢰의 값은 떨어진다.
이는 고객과의 관계뿐 아니라 매출에도 치명적이다.

신뢰를 쌓는 가장 효과적인 방법은
진정성 있는 콘텐츠를 제공하는 것이다.
콘텐츠는 고객에게 유익한 정보를 전달하고,
실질적인 가치를 느낄 수 있는 것이어야 한다.
그러므로 다음과 같이 하기를 권한다.

1. 가장 귀한 노하우를 공개하라

당신이 가진 지식 중 가장 소중한 것을 아낌없이 공유하라.
경쟁자가 이를 모방할까 걱정하지 말고,
고객이 느낄 이득에만 집중하라.

2. 문제 해결을 증명하라

고객의 문제를 정의하고,
이를 해결하는 과정을 명확히 보여주어라.
말이 아닌 행동으로 실력을 증명해야 한다.
예를 들어 청소 서비스를 제공하는 업체라면
단순히 "청소를 잘합니다."라고 말하지 말고,
실제 청소 과정을 영상으로 촬영해서 보여주는 게
더 효과적이다.
고객은 이를 통해 실력을 확인하고 신뢰를 갖게 된다.

신뢰는 마케팅 비용을 줄인다

고객과 신뢰가 쌓이면 더 이상 유료 광고에 의존할 필요가 없다.
사람들이 스스로 당신을 찾기 시작하며,
입소문을 통해 더 많은 고객이 유입된다.
신뢰 기반의 비즈니스는 지속 가능하며,
고객과의 관계를 장기적으로 유지할 수 있다.

실제로 전통 장을 만드는 한 대표는
된장의 비법과 제조 과정을 유튜브에 공개했다.
이 영상들은 누적 370만 회 이상의 조회수를 기록했으며,
해당 된장은 단 이틀 만에 품절되었다.
이는 신뢰가 만들어낸 놀라운 결과다.

매출을 늘리기 위해 신뢰를 쌓아도
단기간에 효과가 나타나지 않을 수 있다.
하지만 올바른 방향으로 가고 있다는 확신이 있다면,
그 길을 꾸준히 걸어가야 한다.
중요한 것은 숫자에 매몰되지 않고
고객에게 진정으로 유익한 정보를 제공하는 것이다.

3년 안 된 된장 먹으면 인체에 독이 되는 이유

마트 된장에 '이 성분' 보이면 절대 사지 마세요!

* 유튜브: 65년 전통장 가야마을

다음 세 가지 질문을 자기 자신에게 던져보자.

1. 내가 제공하는 콘텐츠가 고객에게 진정한 가치를 전달하는가?
2. 내가 가진 가장 귀한 노하우를 아낌없이 공개하고 있는가?
3. 고객이 나를 신뢰할 이유를 충분히 찾을 수 있는가?

이 질문에 대한 답을 바탕으로
당신의 콘텐츠와 비즈니스 전략을 재정비하라.
고객과 신뢰를 쌓는 데 집중한다면,
당신의 비즈니스는 지속 가능하며 강력한 성장을
이룰 것이다.

고 정주영 회장은 이렇게 말했다.
"사업은 망해도 괜찮다. 하지만 신용은 잃으면 끝이다."
매출을 결정짓는 핵심이자 고객의 마음을 움직이는 힘,
신뢰 자본을 쌓는 노력을 매일 기울이자.

전략 2

틈새를 공략해야 매출이 터진다

비즈니스를 하면서 흔히 저지르는 실수가 있다.
바로 모든 사람에게 내 제품이나 서비스를 팔려고 하는 것이다.
그러나 결과는 늘 정반대다.
아무도 당신의 제품이나 서비스에 관심을 기울이지 않을 것이다.

현대인들은 날마다 수백, 수천 개의 마케팅 메시지에 노출된다.
어설픈 메시지는 또 하나의 스팸이 될 뿐이다.
그러면 어떻게 해야 고객의 눈에 띌 수 있을까?

정답은 단순하다.

모두에게 팔지 마라. 한 명에게 집중하라.

모두가 아닌 '고객 한 사람'을 향한 메시지를
뾰족하게 전달해야 한다.
그런데 대부분은 누가 내 고객인지 감도 잡지 못한다.
그렇다면 이 글을 쓰는 나의 고객은 누구일까?

나는 '글천개콘텐츠'라는 회사를 운영하며
자영업자, 소상공인, 중소기업을 대상으로
신규 고객을 유입해서 매출을 최대화하도록 돕는다.

이렇게 고객을 명확하게 규정하고 나니
모든 일이 술술 풀리기 시작했다.

**틈새 시장을 찾고 특정 고객에게 집중할 때
진짜 비즈니스가 시작된다.**

《원 위크》라는 책에 이런 사례가 나온다.

시카고에서 전자기기 수리점을 운영하던
'JDC 리페어'라는 회사는 모든 기기를 수리하던
방식에서 벗어나, 애플 제품 수리에만 집중하기로 했다.
이 선택은 위험한 도박처럼 보였지만
결과는 모두의 예상을 뒤엎었다.
매출은 1년 만에 2배로 뛰었고,
직원 교육 시간도 단축되었으며,
서비스 품질도 크게 향상되었다.
작은 틈새를 공략했을 뿐인데
그 분야에서 시장의 강자가 된 것이다.

실제로 글천개콘텐츠의 고객사 사례들을 봐도
이런 사실을 확인할 수 있다.

먼저 한 유명한 한의사의 이야기다.
그는 20년간 뇌를 전문적으로 연구하여
방송에도 여러 차례 출연했을 만큼 유명하다.
그는 우울증, 강박증, 공황장애 등
다양한 정신적 증상을 다 다룰 수 있지만,
아이들의 틱장애와 ADHD를 중점적으로 치료해왔다.

가장 자신 있는 문제에 집중해서
해당 분야에서 독보적인 전문가가 된 것이다.

또 다른 고객은 진로 교육을 중점적으로 다루는
학원을 운영하고 있다.
보통 진로 교육이라면 학생들을 떠올리지만,
그는 성인만을 타깃으로 삼는다.
진로를 고민하는 20~30대 성인들을 컨설팅하고,
적성에 맞는 일을 찾도록 도와준다.

누군가는 틈새 시장을 노린다는 게 꺼려질 수 있다.
'괜히 시장을 좁혔다가 더 많은 고객을 놓치는 건 아닐까?'
하지만 작게 시작했다고 끝까지 작으란 법은 없다.
앞의 한의사도 아이들 ADHD 진료로 시작했지만,
이후 성인 ADHD까지 저변이 확대되었다.
학원 원장도 해당 분야에서 10년 이상 매진한 결과,
지금은 책도 쓰고 유튜버로서도 활동 영역을 넓혔다.
한 분야에서 전문가로 이름을 날리면
확장 가능성이 무궁무진해진다.

틈새 시장에 집중하면 마케팅 메시지도 명확해진다.
더 이상 모든 사람에게 어필하려고 애쓸 필요가 없다.
당신의 메시지는 특정한 문제를 가진 고객을 위한 것이기에
훨씬 더 날카롭고 깊게 파고든다.
고객은 당신이 자신의 문제를 완벽하게 이해하고 있다는
느낌을 받게 되고, 이는 곧 신뢰로 이어진다.

앞의 한의사가 영상을 만든다고 생각해보자.

"우리 아이 눈 깜빡임 틱장애일까?"
"틱장애를 악화시키는 최악의 행동 TOP 2"

이런 제목의 콘텐츠는 '아이의 틱장애'로 고민하는 부모에게
단순한 정보가 아닌 '해결책'으로 다가간다.
고객은 자신이 겪고 있는 '문제'가 정확히 언급될 때,
비로소 귀를 기울인다.

진짜 중요한 건 화려한 영상이나 멋진 문구가 아니다.
'당신의 문제를 정확히 이해하고 있다'는 메시지다.

모든 사람에게 다가가려는 순간,

정작 단 한 명의 마음도 얻지 못한다.

모두에게 말하면, 아무도 듣지 않는다.

물론 타깃을 넓히는 전략도 가능하다.

다만 그것은 목적과 상황에 따라 달라진다.

당신의 타깃이 명확하게 서 있는 상황에서

다양한 시도를 하는 것과,

타깃을 전혀 모르는 상황에서 막무가내로 실행하는 것은

완전히 다른 이야기다.

초점을 흐리는 순간, 매출도 흐려진다.

특정한 문제를 가진 고객에게

정확한 메시지를 던지는 것,

그게 바로 매출을 터뜨리는 비결이다.

틈새 시장을 선택하는 네 가지 질문

당연히 모든 틈새가 매력적인 것은 아닐 것이다.

그래서 당신만의 틈새를 발굴해야 한다.

다음 네 가지 질문을 던져보자.

1. 당신의 전문성이 돋보일 수 있는 문제는 무엇인가?
2. 그 문제를 해결하려는 사람들이 돈을 지불할 의사가 있는가?
3. 그 틈새 시장은 충분히 시장성이 있는가?
4. 그 시장의 경쟁이 치열하다면, 당신은 어떤 차별화된 가치를 제공할 수 있는가?

틈새 시장을 선택할 때는
고객의 문제를 철저히 이해하는 것이 우선이다.
고객의 고민을 파악하고, 그 문제를 해결하기 위해
당신이 어떤 가치를 줄 수 있는지 명확히 하라.

나 역시 자영업자 출신이다.
몇 번의 사업이 잘되고 망하기를 반복했다.
이 과정에서 그들의 갈급한 마음을 이해하게 되었고,
이를 마케팅 서비스로 승화했다.

사람들은 문제를 해결하기 위해 행동한다.

예를 들어 사춘기 아이가 자꾸 욕을 한다면,
부모는 당연히 해결책을 찾으려고 할 것이다.
고객이 당신의 상품을 구매하지 않는다면,
그들의 환경부터 이해해야 한다.
환경이 고객의 행동을 유도한다.
따라서 콘텐츠는 문제를 정확히 짚고,
해결 방법을 명확하게 제시해야 한다.

틈새 시장을 공략하고 싶다면
콘텐츠 제작은 필수다.

그런데 여기서 주의할 점이 있다.
초점은 '나의 이야기'가 아니라,
'당신의 문제를 해결할 수 있다'에 맞춰야 한다.
고객은 자신의 문제를 해결해줄 사람에게만 마음을 연다.
당신의 콘텐츠는 고객의 마음을 여는 열쇠다.

시장에는 늘 틈새가 존재한다.
작은 균열을 파고들어라.
틈새를 비집고 공략하면

해당 시장에서 거인이 될 수 있다.

모두를 만족시키려는 욕심은 버려라.
단 한 명의 고객에게 완벽한 솔루션을
제공하겠다는 목표로 나아가라.

전략 3

매출을 올리려면
아이템부터 체크하라

나는 글과 영상을 기반으로, 다양한 채널에서
수십 개 고객사를 위해 유입량을 폭발시키도록 돕는다.
매주 매출을 올리고 싶은 이들이 나를 찾아오는데
참 난감할 때가 있다.
'매출을 올리고 싶다'는 간절함은 있지만
팔 아이템이 없거나, 모호하거나, 준비가 부족한 경우다.
아이템만 제대로 준비되어 있다면
매출을 올려줄 자신이 있는데, 무척 안타깝다.

유튜브 등의 플랫폼에서 유입 활동을 꾸준히 하는데도
돈을 벌지 못하는 사람이 많다. 원인은 간단하다.

'아이템화'를 하지 않았기 때문이다.

'아이템화'란, '내가 가진 지식과 경험'을
'사람들이 지금 바로 구매할 수 있는 형태'로 만드는 일이다.
아이템화의 조건은 두 가지다.

1. **온라인에서 '즉시 결제'가 가능해야 한다.**
2. **상대방의 문제를 해결할 '명확한 가치'를 제공해야 한다.**

나만의 아이템에 결제 버튼을 더해라

나만의 아이템이 뭔지 바로 생각나지 않을 수도 있다.
어려울 것 없다. 내가 남들보다 조금 더 잘하는 것,
잘 알고 있는 것, 내가 즐겨 하는 것 모두가
나의 아이템이 될 수 있다.

예를 들어 '상세 페이지 제작', '배관 고치기',
'노트북 수리' 같은 기술도 모두 아이템이 될 수 있고,
'바로 써먹는 외국어 강의', '책 한 권을 20페이지로 요약한
전자책' 같은 지식과 정보도 아이템이 될 수 있다.

그리고 바로 구매할 수 없는 것은 현금을 가져다주지 않는다.
조회수 10만을 찍어도,
좋아요 1,000개가 붙어도,
결제창이 없다면 그냥 이벤트일 뿐이다.
'아직 실력이 부족하니 돈은 못 받겠다'는 생각은 잠깐 접어두자.
적은 수익이라도 벌어봐야 비즈니스의 경험치가 쌓인다.

- 외국어를 잘한다면? → 온라인 강의
- 글을 잘 쓴다면? → 전자책, 블로그 강의
- 물건을 판다면? → 결제 가능한 링크 제공

당신의 아이템에 결제 버튼이 함께 있는가?
그렇다면 매출을 만들 준비가 되어 있는 것이다.

'가치 사다리'를 설계하라

고객은 처음부터 당신을 신뢰하지 않는다.
이 세상은 무수히 많은 상품과 서비스로 가득하고,
사람들은 거짓에 속지 않으려 한다.
누군가가 아무리 강력하고 가치 있는 제안을 해도,
일단 의심부터 한다.

그래서 필요한 게 '가치 사다리'다.
처음에는 작은 가치를 제공해 신뢰를 얻고,
점차 더 큰 가치를 전달해야 한다.
고객은 이 과정을 통해 당신을 신뢰하게 되고,
더 많은 금액도 기꺼이 지불한다.

핵심은 가치를 먼저 주는 것이다.
신뢰는 주장이 아니라 체험을 통해 만들어진다.

가치 사다리 5단계

1. 0원: 유튜브 영상, 인스타 릴스 등 무료 콘텐츠 제공

- 신뢰를 쌓는 '무료 체험존'

2. 1만 원: 간단한 전자책 제작 및 판매

- 유튜브에서 말한 내용을 정리해서 20페이지 분량으로 제작해 소액으로 판매
- 진입 장벽은 낮고, 신뢰는 빠르게 쌓인다.

3. 10만 원: 워크숍, 강의, 원데이 클래스

- 가치를 '직접 경험하게 하는 구간'

4. 50~100만 원: 문제 해결형 컨설팅

- 신뢰를 쌓은 고객에게 고가의 맞춤형 서비스 제공

5. 100만 원 이상: 고가 프로그램 또는 기업용 솔루션

처음에는 무료 콘텐츠를 뿌려서 타인의 신뢰를 얻어야 한다.
그다음에는 자신이 설계한 상품을 노출하고
자연스럽게 구매로 이어지도록 유도하라.

이때 얼굴을 공개하는 게 신뢰를 높이는 지름길이다.
당신이 무슨 일을 하든지 가급적 당당히 모습을 드러내라.
사람들은 익명 뒤에 숨은 존재보다

'얼굴이 보이는 사람'을 신뢰한다.

《1페이지 마케팅 플랜》은 고객의 마음을 사로잡는 법에 관해 이렇게 말한다.
고객이 관심을 보이면 즉시
당신의 고객 관리 시스템으로 끌어들여야 한다.
그런 다음 시간을 들여 반복적으로 접촉한다.
여기서 접촉이란 그들을 귀찮게 해서
구매를 강요하는 게 아니다.

잠재 고객은 아직 구매할 준비가 되지 않았다는
사실을 받아들여라.
미리 가치를 제공하고 신뢰를 쌓고,
당신이 해당 분야의 권위자임을 보여주어라.
이 과정을 통해 잠재 고객과 끈끈한 관계를 맺을 수 있다.
그러면 지금 당장은 구매하지 않더라도
1주, 1개월, 1년 뒤에라도 결제가 이루어질 수 있다.

매출을 올리는 법을 정리하면 다음과 같다.

1. 아이템화: 트래픽을 매출로 전환할 구체적인 상품을 만들어라.
2. 가치 사다리: 무료 콘텐츠부터 고가 서비스까지 단계별 구조를 설계하라.
3. 트래픽 활용: 유튜브, 인스타, 틱톡 등으로 신뢰를 쌓고 구매로 연결하라.
4. 얼굴 노출: 신뢰를 높여 전환율을 극대화하라.

트래픽 활동만으로는 한계가 있다.
진정한 성공은 나만의 아이템과 가치 사다리를
구축하는 데서 시작된다.

아이템을 만들고, 신뢰를 쌓고,
구매로 이어지는 구조를 만들자.
그러면 당신의 콘텐츠는 단순한 노출이 아니라,
지속 가능한 매출의 엔진이 될 것이다.

전략 4

고객 집중형 VS. 판매 집중형, 자신의 유형을 파악하라

매출이 나오지 않는 이유는 무엇일까?

사람들은 그 이유를 지나치게 복잡하게 생각한다.

광고비가 부족해서, 고객이 무관심해서, 경쟁사가 강력해서….

사람은 필요성을 느껴야 행동한다.

예를 들어, 스스로 보험에 가입하려는 사람은 많지 않다.

하지만 사고를 한 번 당하고 나면,

보험의 필요성이 뼛속까지 와닿는다.

그렇다면 사고가 나기 전에 필요성을 느끼게 할 수는 없을까?
이 질문에 답하는 것이 매출을 터뜨리는 첫걸음이다.

고객이 문제를 인지하고 필요성을 느끼도록 만드는 것.
이를 실현하기 위해 영상과 글은 필수다.
이때 다음 네 가지만 제대로 이해하면
누구나 고객을 설득할 수 있다.

첫째, 자신의 유형을 명확히 파악하라

모든 사람은 두 가지 유형 중 하나에 속한다.
'고객 집중형' 아니면 '판매 집중형'이다.
두 유형을 이해하면 나의 강점과 약점을 파악할 수 있고,
이를 바탕으로 효과적인 마케팅 전략을 세울 수 있다.

고객 집중형

고객 집중형은 상업적 활동을 본능적으로 싫어한다.
판매보다 정보 제공에 치중한다.
예를 들어, 강남 학부모를 대상으로

교육 콘텐츠를 제공하는 전문가가 있다.
"이 영상을 안 보면 우리 아이 대학 포기하는 겁니다."
이런 말은 절대 하지 않는다.
대신 아이들에게 도움이 될 만한 콘텐츠를
건전하게 제공하며 관계를 쌓는다.
이들의 강점은 고객과의 유대 관계다.
이 유형의 사람들은 신뢰를 기반으로 장기적인 고객을 만든다.
단점은 노출이 적고 전환율이 낮다는 점이다.

판매 집중형

반면 판매 집중형은 너무나 상업적이다.
"지금 구매하지 않으면 손해입니다."
같은 문구를 거리낌 없이 쓴다.
우리가 홈쇼핑에서 흔히 보는 접근 방식이다.
이들의 강점은 단기 임팩트다.
그러나 고객과의 관계는 상대적으로 약하다.
거래가 끝나면 고객과의 신뢰가 이어지지 않는 경우가 있다.

자신이 어떤 유형에 속하는지 알아야 한다.
그래야 강점을 살리고 약점을 보완할 수 있다.

둘째, 고객의 문제를 찌르는 날카로운 카피를 써라

고객 집중형은 종종 추상적이고 평범한 표현을 쓴다.
예를 들어 '아이의 감정을 다루는 법' 같은 문구는
고객의 관심을 끌기 어렵다.

반면, '엄마에게 욕하는 아이, 한마디로 잠재우는 법'은
즉각적인 클릭을 유도한다.
구체적이고 명확한 카피는 사람들의 문제를
단숨에 해결해줄 것처럼 보인다.
고객의 문제를 정확히 짚는 것, 카피 작성의 핵심이다.

고객은 모호한 문제에는 지갑을 열지 않는다.
카피는 고객의 문제를 '직접' 찌르는 칼끝이 되어야 한다.

셋째, 글과 영상으로 노출량을 확보하라

아무리 좋은 콘텐츠도 사람들이 보지 않으면
존재하지 않는 것과 같다.

그래서 '노출량'이 중요하다.

고객이 문제를 인식하게 하려면,
그 문제를 찌르고 해결해주는 내 글과 영상이
최대한 많은 사람에게 노출되어야 한다.
이를 위해서는 글과 영상의 양을 과감히 늘려야 한다.

가령 월 매출 1억 원을 달성하고 싶다면,
28만 원짜리 상품을 대략 357명에게 판매해야 한다.
만약 구매 전환율이 1퍼센트라면
최소 3만 5,000회 이상 노출되어야 한다.

한 편의 콘텐츠로 달성할 수 없다면,
10개든, 30개든 만들 각오도 필요하다.
지속적으로 양질의 콘텐츠를 생산하여
노출을 확대하는 게 유일한 길이다.

글과 영상 없이 매출을 기대하는 것은

씨를 뿌리지 않고 열매를 기다리는 것과 같다.

넷째, 시연과 비교로 설득하라

강력한 설득 방법은 '시연'과 '비교'다.
말로만 설명하는 건 한계가 있다.
사람들은 직접 보고 확인해야 믿는다.
예를 들어 감정 놀이를 통해 아이가 어떻게 변화하는지
보여주는 시연 영상은 부모들에게 큰 설득력을 가진다.
혹은 벤츠와 BMW를 나란히 두고 비교하는 콘텐츠처럼
고객이 직접 판단할 수 있도록 돕는
비교 방식도 강력하다.

시연과 비교는 고객이 문제를 쉽게 이해하고,
해결책의 가치를 직관적으로 느끼게 해준다.
따라서 정보 제공형 콘텐츠를 제작할 때는
시연과 비교를 접목해보자.

자, 이제 모든 퍼즐이 맞춰졌다.

1. 판매 유형 명확히 파악하기
2. 고객의 문제를 찌르는 강력한 카피 쓰기

3. 글과 영상으로 노출량 확보하기

4. 시연과 비교로 설득하기

무엇보다 중요한 건 실행이다.

글과 영상을 만들지 않으면, 아무 일도 일어나지 않는다.

지금 쓰는 글 한 줄이, 지금 찍는 영상 하나가

가장 강력한 영업사원이 되어줄 것이다.

전략 5

비싸도 사는 고객의 심리를 이용하라

2025년 대한민국 자영업자 폐업률은 10퍼센트를 넘어섰다.
전체 자영업자 약 500만 명 중 50만 명 이상이 폐업한 셈이다.
간신히 유지만 하는 매장까지 합하면 수치는 더욱 커질 것이다.
IMF 외환 위기 때보다 상황이 더 심각하다는
이야기까지 나오고 있다.
이들은 수익은커녕 저가 경쟁으로 내몰린다.
마진이 거의 남지 않을 지경까지 낮추다가,
결국 임대료와 인건비 등을 감당하지 못해서 폐업한다.

"제발 저가 경쟁을 피하세요."

내가 고객을 만날 때마다 꼭 하는 말이다.
저가 경쟁을 피해야 하는 이유는 다음의 네 가지로 정리할 수 있다.

첫째, 싸게 팔기는 누구나 할 수 있다

할인은 세상에서 제일 쉬운 판매 방식이다.
특별한 고민도 필요 없다. 쉬운 길에는 늘 대가가 따른다.
이런 시기가 길어지면 여유 자금은 말라가고,
R&D에 쓸 돈조차 부족해진다.
이는 고스란히 상품의 퀄리티에 영향을 미친다.

게다가 마진이 바닥이라는 생각에
예전처럼 서비스도 주지 않는다.
고객들은 바보가 아니다.
귀신같이 눈치채고 그 가게를 슬그머니 피한다.
싸게 팔면서 퀄리티까지 유지하면 대박이겠지만,
실제로 그렇게 하기란 쉽지 않다.

싸게 파는 건 브랜드 가치를 떨어뜨리는 지름길이다.

둘째, 고객은 가격보다 가치를 산다

고객은 상품 자체가 아니라,
그 안에 담긴 가치를 구매한다.
상품이 충분한 가치를 갖고 있다면
돈은 의외로 문제가 되지 않는다.
가치는 단순히 상품에 붙은 숫자가 아니다.
그것은 고객의 마음속에서 생겨난다.
그저 가격만 후려치면 고객이 사줄 거라는 생각은 1차원적이다.

스스로에게 물어봐야 한다.
"나는 과연 고객에게 충분한 가치를 주고 있는가?"
아니라면 가격을 낮추기보다,
가치를 높이는 노력을 해야 한다.
이건 돈을 들이지 않고도 충분히 가능하다.

예를 들어 마케팅 서비스라면,

SNS의 새로운 알고리즘을 연구하여
같은 비용으로 더 많은 트래픽을 창출할 수 있다.
혹은 시스템을 탄탄하게 구축하여
적은 비용으로 생산량을 끌어올릴 수 있다.

사업의 특정 단계에 도달하면
돈으로 모든 걸 해결하려는 관성이 생긴다.
그러나 돈 없이 사업을 굴릴 수 있어야
병목 현상을 뚫고 나아갈 수 있다.

그리고 고객은 상품의 품질을 구매 후에야 경험할 수 있다.
따라서 구매를 결정하는 순간에는
품질보다 이미지를 기준으로 판단한다.

그러므로 고객의 머릿속에
'왜 이 가격이어야 하는지'를 심어야 한다.
"어떻게 하면 가치를 높일 수 있을까?"
오직 이 생각과 실행에 몰두해야 한다.

셋째, 낮은 가격은 나쁜 고객을 끌어들인다

가격을 낮추면 매출은 순간적으로 오를 수 있다.

하지만 동시에 질 낮은 고객이 유입될 가능성도 커진다.

모든 고객이 '좋은 고객'은 아니다.

고객은 인생의 동반자이지만,

돈을 냈다고 무조건 왕처럼 모셔야 한다는 뜻은 아니다.

우리 직원들을 괴롭히는 악성 고객 때문에

인재들이 줄줄이 퇴사한다면,

그를 나쁜 고객이라고 규정할 필요가 있다.

아이러니하게도 가격대가 너무 낮으면

오히려 고객들의 불만이 더 크다.

싼값에 몰려드는 뜨내기손님이 많아지기 때문이다.

오히려 고가의 제품이 충성도와 만족도가 높은 고객을 남긴다.

넷째, 희소성은 가치를 높인다

사람은 쉽게 얻을 수 없는 것에 더 큰 가치를 부여한다.

이것을 '희소성의 법칙'이라고 한다.
높은 가격은 상품의 희소성을 강화하고,
고객의 구매 욕구를 자극한다.
'남들이 쉽게 가질 수 없는 것'이라는 이미지는
곧 판매 동력이 된다.

예를 들어, 미슐랭 3스타 셰프 안성재가 운영하는 레스토랑
'모수'는 단순히 음식을 파는 공간이 아니다.
브랜드, 스토리, 디테일, 직원들의 태도 자체가 상품이며,
그것에는 다른 레스토랑과 차별화된 가치가 있다.
고객이 우리에게서 무언가를 구매할 때
희소성을 느낄 수 있는 경험을 제공하라.

이번에는 내 제품이나 서비스를 비싸게 팔기 위한
세 가지 전략을 소개한다.

첫째, 고객이 느끼는 가치를 높여라

비싼 가격에도 고객이 기꺼이 지갑을 여는 이유는

그에 걸맞은 가치를 느끼기 때문이다.

가치를 높이는 방법은 생각보다 다양하다.

1. 부가 서비스 제공

- 상품에 추가 혜택이나 보너스를 더하기

2. 포장 개선

- 상품의 첫인상을 결정하는 포장을 고급스럽게 바꾸기

3. 한정 판매

- 기간을 제한하거나 특별한 조건을 걸어 희소성을 높이기

4. 구매 이유 제시

- 고객이 상품을 구매해야 할 이유를 명확히 알려주기

둘째, 전문가 포지셔닝으로 신뢰를 쌓아라

고객은 신뢰할 수 있는 사람과 거래하고 싶어 한다.

당신이 전문가로 보일수록 고객은

비싼 가격도 망설이지 않는다.

고객이 필요로 하는 정보를 제공해서 신뢰를 얻어라.

"이 사람이 말하니까 믿고 사야겠어."라는

확신을 심어줘야 한다.

절대로 잡상인으로 남아서는 안 된다.
물건만 팔면 뜨내기 상인으로 인식된다.
"이 사람은 상품만 팔고 아는 게 없네."
이런 인식이 자리 잡으면,
재구매는커녕 깊은 관계로 이어지지 않는다.

셋째, 상품보다 당신 자신을 먼저 팔아라

상품보다 중요한 건, 그 상품을 파는 사람이다.
고객이 당신을 믿고 좋아해야 상품도 자연스럽게 팔린다.
먼저 자신을 알리고 인간적인 유대감을 쌓아라.
믿음이 생기면 가격은 문제가 되지 않는다.

나 역시 처음부터 무언가를 팔지 않았다.
사람들을 돕겠다는 일념으로
최상의 정보를 아낌없이 나눴다.
사실 이것이 절묘하게 나를 파는 행위다.

내가 먼저 사람들의 문제를 해결해주니,
나중에는 사람이 찾아와서 나에게 해결책을 요구했다.
고객이 먼저 찾아오는 비즈니스가 성사된 셈이다.

상품을 비싸게 팔면 얻을 수 있는 이점은 두 가지다.

1. 높은 수익률 확보

- 적은 판매량으로도 충분한 수익을 올릴 수 있다.
- 신규 고객을 발굴하는 부담이 줄어든다.

2. 고급 고객 유치

- 비싼 가격은 고급 고객을 끌어들인다.
- 이들을 만족시키면 재구매와 추천으로 이어진다.

저가 경쟁은 당신을 희미하게 만든다.
브랜드 가치는 떨어지고, 수익은 줄고,
스트레스는 쌓이고, 결국엔 문을 닫는다.

반대로 가치를 높이고 자신을 드러내며,
비싸게 파는 데 주저하지 않는 사람만이

충성도 높은 고객을 얻는다.

'가격'이 아니라, '가치'를 파는 사람이 되자.

당신의 일에 10억짜리 가치를 부여하라

글천개
마인드
2

30대 중후반까지 나는 월 200만 원조차 벌기 힘들었다. 남들에게 무시당하며 성과 없는 일만 되풀이했다. 늘 불평불만 속에서 '차라리 죽고 싶다'는 생각도 했다. 앞이 보이지 않는 나날이었다.

하지만 지금은 집도 한 채 구매했고, 벤틀리는 아니지만 벤츠를 타고 다닌다. 40세에 결혼했고 늦둥이 아들까지 생겼다. 아이를 조금 더 나은 교육 기관에 보낼 수 있을 정도로 삶이 넉넉해졌다.

이 모든 변화는 관점을 바꾼 것에서 시작되었다.

다행히도 성실하게 뼈 빠지게 일하지 않아도, 목숨 걸고 노력하지 않아도 된다. 중요한 것은 관점을 바꾸는 것이다. 내 '일'을 잘하면 된다는 사실을 깨달았고, 그 깨달음 덕분에 1년 만에 인생이 180도 바뀌었다.

사람의 문제를 해결하는 것이 핵심이다

예전에 사무실 책상과 의자를 조립하려다 실패한 적이 있다. 하루 종일 땀을 뻘뻘 흘리며 끙끙대다 포기했다. 잠시 뒤, 블로그에 '지역명+가구 조립'을 검색했다.

전문가 한 명이 와서 30분 만에 문제를 해결하고 15만 원을 받아 갔다. 이 사람은 하루 다섯 군데만 가도 75만 원, 한 달이면 2,000만 원을 벌겠다는 생각이 들었다. 순간 내 머릿속에 번개가 내리쳤다.

'특정 문제를 빠르게 해결하는 능력을 가진 사람이 존경받으며 돈을 벌 수 있구나!'

세상은 이렇게 자신의 문제를 해결해줄 사람을 찾는 이들로 가득하다. 상대방의 문제를 인식하고, 해결책을 제시하는 방법을 터득하자, 삶이 급격히 나아졌다. 그 원리는 소름이 끼칠 정도로 간단하다.

나의 비즈니스 원칙은 다음 세 가지로 요약된다.

1. 대상 : 문제를 가진 사람을 명확히 설정한다.
2. 대상의 문제 : 그 사람의 가장 큰 고민을 파악한다.
3. 해결책 : 고민을 해결할 구체적인 방법을 제시한다.

이 원칙을 실천하면 누구나 문제 해결사가 되어서 돈을 벌 수 있다.

온라인 비즈니스로 시작하라

처음에는 돈이 들지 않는 일부터 시작하라. 나는 전자책을 첫 단추로 선택했다. 비용 부담이 없고, 진입장벽이 낮았기 때문이다. 블로그에 글을 쓰거나 유튜브 영상을 올리는 것도 좋은 방법이다. 이 활동을 통해 기술력과 인지도를 동시에 쌓을 수 있다.

예를 들어 변호사 사무실이나 병원은 매출을 올리기 위해, 네이버 상위 노출이 필수적이다. 반대로 법률 자문이나 의료 서비스를 원하는 사람들은 최고의 전문가를 찾는다.

여기서 우리는 두 가지 선택지를 가질 수 있다. 상위 노출 전문가가 되거나, 유능한 전문가가 되거나.

내 일의 가치는 10억 원이라는 마음가짐을 가져라

어떤 마음가짐으로 일해야 하는지는 《일의 감각》에 자세히 나와 있다. 친구의 부탁으로 디자인을 하는 마음과 10억 원이라는 비용을 받고 디자인을 하는 마음은 천지 차이다. 자신이 맡은 모든 일이 10억 원짜리 일이라고 상상하는 사람의 결과물은, 받은 만큼만 일한다고 생각하는 사람의 결과물과 같을 수 없다.

이런 마음가짐으로 일하는 사람에게는 저절로 감각이 생긴다. 얼마의 대가를 받건, 맡은 일은 대충 할 수 없다고 생각하는 마음가짐이다. 모든 일을 10억 원짜리 의뢰처럼 여긴다.

이렇게 일하는 사람은 어떤 일을 맡아도 자신만의 감각적인 결과물을 내놓는다. 로고를 디자인해도, 인테리어를 해도, 모바일 페이지 한 장을 만들어도 마찬가지다.

본질적인 질문을 던지고, 세상의 흐름을 알기 위해 끊임없이 공부하며 사소한 일을 큰일처럼 대하는 마음가짐을 가지는 것, 이것이 감각의 원천이다. 당신이 맡은 모든 일을 10억짜리라고 생각하자. 일의 깊이와 퀄리티가 자연스럽게 2배 이상 올라갈 것이다.

일을 잘하고자 한다면, 사소한 일은 어디에도 없다.《일의 감각》에서 이를 잘 설명한다. '잘하느냐 못하느냐'를 논하기 이전에, 일에 대해 가지는 마음가짐이 중요하다. 주변의 눈치를 보지 않고 더 잘 해내려는 마음가짐 말이다.

다 같이 먹을 간식을 사오거나 회식 자리를 예약하는 사소한 일도 마음을 담아 잘하려 들면 끝이 없다. 사소한 일도 중요한 프로젝트처럼 대할 수 있어야 한다.

지금 상황이 아무리 힘들어도 문제를 풀 방법은 반드시 있다. 그 해결책은 바로 '상대방을 이해하고 시장을 읽는 것'이다. 단순한 원칙 하나가 인생의 흐름을 바꿀 수 있다. 이 글이 여러분의 인생에 작은 힌트가 되길 바란다.

제3장

돈 되는 글쓰기

: 글 안 써본 사람도 월 1,000만 원 버는 방법

어설픈 실행이
완벽한 계획보다 낫다

'글천개'라는 내 닉네임은 '글을 1,000개 쓴 사람'이라는 뜻이다.
나는 그 이름에 걸맞게 전자책을 10권 이상 집필했다.
그 후 소위 전자책 전문가로 불렸지만,
남들보다 많이 알아서가 아니라,
그저 많이 써봤기 때문이다.

내가 출간한 전자책마다 대박이 났으면 좋겠지만,
실상은 그렇지 않다.

초반 여덟 권은 판매가 저조했고 평가도 박했다.
하지만 아홉 번째 전자책에서 상황이 180도 바뀌었다.
'네이버 마케팅 전략'을 다룬 이 책은
9,000만 원 이상의 수익을 기록했다.
책 판매를 넘어 강의와 컨설팅으로도 수익이 이어졌다.
만약 내가 일곱 번째에 포기했다면?
상상만 해도 아찔하다.

많은 사람이 실패가 두려워 시도를 꺼린다.
나는 아홉 번째 전자책으로 성공하기 전에
이미 여덟 번의 실패를 거듭했다.
이 전자책 여덟 권은 실패작이 아닌 성공을 위한 밑거름이었다.

자동차 영업사원이 아홉 번 실패 끝에 열 번째 고객에게
차량을 판매하고 500만 원의 수당을 받았다면,
딱 한 번의 판매로 500만 원을 번 것이 아니다.
이는 아홉 번의 실패와 열 번째 성공이 합쳐진 결과다.

인생에서 실수와 실패는 변수가 아니라 '상수'다.
어느 누구도 단박에 성공하지 않는다.

누구나 어떤 식으로든 실수하고, 실패할 수 있다.

그러니 괘념치 말고 다시 움직이면 된다.

물은 100도씨에서 끓지만

반드시 40도, 80도를 거쳐야 한다.

그렇다고 끓기까지의 과정이 무의미한 것은 아니다.

모든 시도는 가치가 있다.

나는 똑똑한 사람들이 실패하는 것을 많이 봤다.

그들은 계획은 잘 세우지만,

실행은 항상 '나중'으로 미룬다.

"좀 더 준비한 다음에, 더 완벽해지면 시작하려고요."

그러나 나처럼 '미련한' 사람은 바로 행동에 옮긴다.

그러면 뭐가 통하고, 뭐가 안 통하는지 데이터가 생긴다.

고민보다 실행이, 이론보다 시도가

훨씬 더 많은 것을 알려준다.

초반의 어설픈 시도들이 지금의 나를 만들었다.

어설퍼 보여도 괜찮다. 처음부터 완벽할 필요는 없다.

인생에 삽질은 없다.

시도 자체는 언제나 이득이다.

《슈퍼노멀》에서는 '재야의 고수처럼 오랜 시간
도를 닦고 있을 필요가 없다'고 말한다.
장인으로 거듭나겠다며 실력을 갈고닦지만 말고,
기본 수준까지 만들었다면 일단 시도하라.
당신이 망설이는 사이에 수많은 경쟁자는
이미 시장에 뛰어들어 성과를 내고 있다.

행동이 쌓이면 인생이 바뀐다

실패를 거듭할 당시 내 형편은 참담했다.
아파트 월세를 내기도 빠듯했고,
늦둥이 아들에겐 싼 옷만 입혔다.
아내에게 미안한 마음이 컸고,
나 자신이 초라하다고 느꼈다.

그런 나를 일으킨 건 거창한 변화가 아니었다.

단 하나, 글을 계속 써보는 습관이었다.

나도 처음에 전자책 집필할 때 무엇을 쓸지 몰랐다.

시행착오를 거치면서 사람들이 원하는 것을 점차 알게 되었다.

단순히 내가 알고 있는 것만 쓰지 않았다.

사람들이 궁금해하는 것, 인기 있는 주제를 파고들었고

그렇게 정리한 지식과 노하우를 전자책으로 만들었다.

글을 쓰는 습관이 아홉 번째 전자책을 만들었고,

그 책이 나를 일으켜 세웠다.

지금도 글을 쓸 때 막막할 때가 있다.

무엇을 써야 할지 모르겠고, 쓰기 싫은 날도 있다.

하지만 그런 날에도 나는 쓴다.

조금이라도, 한 문장이라도.

그런 날들이 하루이틀 쌓이면 어느새 자신감이 생긴다.

쓰기 싫은 날 쓴 글이

당신의 인생을 바꿔줄 글이 될 수 있다.

전설적인 농구 선수 마이클 조던은 이렇게 말했다.

"나는 선수 생활 동안 9,000번 이상 슛을 놓쳤다.
거의 300번의 경기에서 패했다.
승패가 뒤집히는 결정적인 상황에서 슛을 실패한 적도
26번이나 된다.
나는 살아오면서 실패하고, 실패하고, 또 실패했다.
그것이 내가 성공한 이유다."

모든 슛이 다 림을 통과하는 것은 아니다.
실패와 성공은 공존한다.

현재 실패를 겪고 있다면, 그것은 성공으로 가는 과정이다.
오늘 할 수 있는 모든 일을 하면서
결과를 겸허히 받아들이자.

실패는 성공의 반대말이 아니라 그 일부다.
슛을 던지기도 전에
농구공이 림을 벗어날까 미리 두려워하지 말자.

다섯 살에게는 장난감을, 40대에게는 돈을 이야기하라

나는 온라인 클래스를 개설하자는 제안을 수없이 받았다.
온라인 클래스를 어떻게 하면 잘 팔 수 있는지 묻자,
공통적으로 이렇게 강조했다.
"온라인 강의 매출은 제목, 차례, 상세 페이지에서
90퍼센트가 결정됩니다."

이처럼 콘텐츠는 내용뿐만 아니라
누구에게, 어떻게 전달하는가가 매우 중요하다.

돈이 되는 글쓰기를 잘하는 사람은
상대방이 듣고 싶은 말을 한다.
지식을 산더미처럼 쌓아도,
알맞은 대상에게 전달되지 않으면 무용지물이다.

트럼프 대통령이 세계 정치의 비밀을 이야기해도,
다섯 살짜리 아이는 옆에서 코딱지나 팔지 모른다.
콘텐츠의 성패는 '무엇'을 말하느냐 이전에
'누구'에게 말하느냐로 갈린다.

아이에게는 놀이동산을,
10대에게는 성적을,
20대에게는 취업을,
30대와 40대에게는 돈을 말해야 한다.

따라서 고객 분석을 철저히 해야 한다.
《좋아요를 삽니다》에 따르면,
해태제과 연구개발팀은 1년 9개월 동안 국내는 물론,
전 세계 200여 종의 감자칩을 공수해
맛과 트렌드를 분석했다.

대부분 감자칩은 짠맛을 강조했다.
고객 역시 '감자칩은 짭조름해야'라는
고정 관념에 길들어 있었다.
그러나 설문 조사를 통해 한국인은
짠맛의 감자칩을 선호하지 않는다는 것을 알아냈다.

개발팀은 이러한 고정 관념을 탈피하자는 데 의견을 모았고,
달콤하면서 고소한 맛의 감자칩을 만들기 위해
수많은 테스트와 재료를 적용했다.
최적의 맛을 알아내기 위해 통상 100~200명으로
진행하던 소비자 조사도 1,000명으로 늘렸다.
결국 제품에 만족한 소비자 비율이 93퍼센트에 이르렀고,
그렇게 '허니버터칩'이 시장에 나왔다.

마케팅 전문가 세스 고딘은 소셜 미디어 환경에서 마케팅에
성공하기 위해선 "우리가 만든 상품이 어떻게 사람들의 관심을
끌게 만들까?"가 아닌 "시장이 관심 있는 어떤 것을 세상에
내놓을지 알아내야 한다."라고 말했다.

하지만, 여전히 많은 사람이 읽는 사람을 생각하기보다,

자기중심적인 글을 자랑처럼 올린다.

유명해지고 싶다면 딱 세 가지만 기억하자.
이 세 가지를 실천하면 절대로 실패하지 않는다.

첫째, 사람들은 당신의 말에 관심이 없다

아무리 훌륭한 글이라도 읽히지 않으면 의미가 없다.
그래서 글은 짧고 명확해야 하며,
핵심이 먼저 나와야 한다. 예를 들어보자.

"저는 작년에 곱창집을 열었습니다.
장사가 아주 잘됩니다. 월 매출 1억 원이 넘습니다.
비싸고 좋은 1등급 곱창을 쓰고,
냄새가 나지 않게 손질하는 노하우가 있습니다.
또 밑반찬을 10가지 이상 제공합니다.
매일 가게가 북적이는데 아이러니하게 적자입니다."

이보다 더 임팩트 있게 쓰려면 이렇게 시작할 수 있다.

"월매출 1억 곱창집,

그런데 정작 사장은 적자랍니다."

그런 다음, 짧게 이유를 붙이면 된다.

"원가 계산을 잘못해서 곱창과 반찬에 드는 비용이

너무 크기 때문입니다."

훨씬 잘 읽히지 않는가?
이렇듯 자기만족의 글이 아니라
사람들에게 쉽게 읽히는 문장을 써야 한다.

둘째, 사람들은 복잡한 걸 싫어한다

《도둑맞은 집중력》에 따르면,
미국인은 24시간 동안 휴대폰을 대략 2,617번 만지고,
평균 스크린타임은 3시간 15분이다.
그리고 미국인의 약 57퍼센트가
1년간 책을 단 한 권도 읽지 않는다고 한다.

이러한 경향은 점점 심해져서,
2017년 미국인의 하루 평균 독서 시간은 17분,
스마트폰 사용 시간은 5.4시간이었다.

사람들의 집중력은 점점 파편화되고 있다.
'팝콘 브레인'이라는 용어를 아는가?
현대인의 뇌는 팝콘처럼 터지는 정보 자극에 길들어 있다.
스마트폰, 게임, 동영상 같은 자극적이고 재미있는 콘텐츠에
너무 많이 노출되어서 생기는 현상이다.
팝콘 브레인이 되면 빠르게 변하는 자극엔 익숙해지고,
차분히 생각해야 할 상황에선 집중하기 어려워진다.

사람의 에너지는 한정적이다.
우리의 두뇌는 에너지 뺏기는 것을 가장 싫어한다.
내용이 난해하거나 길면 이해하려고 노력하지 않는다.
긴 글은 스킵될 확률이 매우 높고,
이런 경향은 과거보다 심해지고 있다. 예를 들어보자.

A 판매자: "여러분이 살찐 이유는 생활과 식습관, 운동 등
 여러 가지 문제 때문입니다.

그럼 제가 생활 습관부터

차근차근 설명해드리겠습니다."

B 판매자: "여러분이 살찐 이유는 스트레스 때문입니다."

누구의 말을 듣고 싶은가? 사람들의 주의를 끄는 건
B 판매자처럼 단순하고 명확한 메시지다.

셋째, 사람들은 듣고 싶은 말만 듣는다

'확증편향'이라는 용어가 있다.
자기 믿음을 강화하는 말은 받아들이고,
그와 반대되는 정보는 무시한다는 뜻이다.
쉽게 말해서, 듣고 싶은 말만 듣는 것이다.

예를 들어, 장사가 안 되는 이유가 '경기 불황'이라고 믿는
자영업자에게 "홍보가 부족합니다."라거나
"메뉴 구성이 잘못됐습니다."라고 말한다면?
반응은 차가울 것이다.

반면 "요즘 경제 상황이 나빠서 장사가 어려운 게
당연합니다."라고 말한다면?
바로 고개를 끄덕인다.

그러므로 잠재 고객이 듣고 싶어 하는 말,
해결하고 싶은 문제를 정확히 짚어야 한다.
그들이 이미 꽂혀 있는 문제를 파고들어야 한다.
그 문제를 해결하면 어떤 변화가 일어날지,
고객이 생생하게 그리게 해야 한다.

실제로 나는 상담을 할 때 고객의 말을 우선 충분히 듣는다.
그들이 원하는 솔루션을 파악하고 제안하면,
고객은 집중해서 내 이야기를 경청한다.

이제 정리해보자.

1. 상대방은 당신에게 관심이 없다.
   → 짧고 임팩트 있게 말하라.
2. 복잡한 설명은 싫어한다.
   → 단순하고 분명하게 전달하라.

3. 듣고 싶은 말만 듣는다.

　→ 상대방이 문제를 해결한 후의 미래를 그리게 만들어라.

불필요한 내용을 과감히 삭제하고,

상대방에게 필요한 내용을 짧고 쉽고 명확하게 전달하라.

그러면 사람들은 당신의 말에 귀 기울이기 시작할 것이다.

그리고 당신만의 콘텐츠를 만들어 세상에 보여줘라.

이 원칙을 이해하고 행동에 옮기면

세일즈에 관한 책 100권을 읽는 것보다

더 큰 보상을 얻을 것이다.

쓰는 순간 매출이 오르는 스토리텔링 3요소

앞에서도 말했지만, 나는 수많은 강의 플랫폼과 출판사들로부터 협업 제안을 받았다.

하루 수천만 원을 버는 강사들도 직접 만나봤다.

그들이 공통적으로 강조한 한마디가 있다.

"매출은 결국, 스토리텔링에서 갈리더라고요."

왜 어떤 글은 보는 순간 결제를 부르고,

어떤 글은 아무 반응 없이 사라질까?

그 이유는 단 하나,
'스토리텔링의 구조를 아는가 모르는가'의 차이다.

예를 들어, 비만으로 고민하는 사람이 있다.
이들에게 심혈관 질환, 당뇨, 고지혈증은 두려운 단어다.
음식을 마음껏 먹을 수 없다는 건 고통이다.
그때 누군가가 말한다.

"세상에서 가장 기름진 고기는 바다표범 고기다.
그런데 바다표범을 주식으로 먹는 이누이트족은 비만도,
고혈압도 없다.
이유는 바로 '오메가3'다. 오메가3는 지방을 빠르게 태우고
콜레스테롤 흡수를 막아준다.
그래서 고기를 많이 먹어도 체중이 쉽게 늘지 않는다."

이 말을 들은 비만인은 순간 멈칫한다.
오메가3에 관심이 생기고,
이미 구매 버튼에 손이 올라가 있을지도 모른다.
이것이 스토리텔링의 힘이다.
단지 정보를 전달한 게 아니라, 감정을 흔든 것이다.

이런 내용의 강의나 유튜브 영상을 자주 봤을 것이다.

"나는 백수였다가 월 수천 버는 사람이 되었다."
"고시원에서 살다가 지금은 100평짜리 아파트에 산다."
"알코올 중독자였지만, 지금은 수많은 사람의 멘토가 되었다."

다 다른 이야기지만 뭔가 비슷해 보이지 않는가?
여기에는 공통적으로, 성공하는 스토리텔링의 공식이다.
이게 바로 매출을 현재 몇 배 올릴 수 있는 비장의 무기다.
매출을 부르는 스토리텔링에는 세 가지 요소가 들어가야 한다.

첫째, 인물

앞의 예에서 등장인물은 누구인가?
이누이트족이 아니라 체중 감량을 원하는 사람들이다.
이처럼 스토리는 항상 인물에서 시작된다.
어떤 인물인가? 당신이 타깃으로 하는 사람들과
비슷한 고민 혹은 문제를 가진 인물이다.

- 누가 이 이야기의 주인공인가?
- 그는 어떤 고민을 가지고 있는가?

둘째, 갈등

이 인물들은 어떤 갈등에 놓여 있는가?

이 사람들은 많이 먹어도 살이 안 찌고

병에도 걸리지 않기를 바란다.

그러나 이건 불가능하다.

- 그 인물은 어떤 문제에 부딪혔는가?
- 해결이 불가능해 보이는 벽은 무엇인가?

셋째, 해소

이제 갈등을 해소해줄 차례다.

이때 해결책은 '상품'이나 '행동'이 된다.

여기서 판매가 발생한다.

"오메가3를 섭취하면 과식해도 지방이 덜 축적된다."

이 말이 구매를 부른다.

- 누가, 무엇이, 어떻게 문제를 해소할 수 있는가?
- 그 해소 방법이 어떤 결과와 감정을 만들어내는가?

이런 스토리텔링 기법은 우리 주변에서도

어렵지 않게 만날 수 있다.

스토리텔링의 강력한 힘을 보여주는

또 하나의 사례를 소개하겠다.

2023년 2월 8일, 틱톡에 16초짜리 영상이 올라왔다.

백발에 수수한 차림으로 원고 정리를 하는

한 남성의 뒷모습이 보인다.

그리고 이런 내래이션이 깔린다.

"아빠는 책 한 권을 쓰는 데 무려 14년이란 세월을 보냈다.

아빠는 풀타임으로 일했고 늘 우리가 1순위였다.

그런 와중에 시간을 내서 책을 썼다.

책이 안 팔려도 아빠는 행복해했지만,

이제는 책이 좀 팔렸으면 좋겠다.

아빠는 틱톡이 뭔지도 모른다."

영상 속 남성은 미국 버몬트 주에 사는 변호사이자

세 자녀의 아버지, 로이드 리처드 Lloyd Richards 다.

그는 소설가가 되고 싶어서 무려 14년 동안 작품을 썼고,

이윽고 2012년 《스톤 메이든스》 Stone Maidens 를 출간했다.

FBI 법의학자가 여성을 노리는 연쇄살인마를 추적하는
스릴러물이다.
그런데, 그의 소설은 이후 11년간 한 권도 팔리지 않았다.
이를 안타깝게 여긴 딸이 진솔한 마음을 담아
아버지의 사연을 틱톡에 올린 것이다.

이 영상은 틱톡에서 많은 공감을 얻었고,
조회수가 4,000만 회를 넘겼다.
이에 탄력받아 소설 판매량도 급증해
아마존 연쇄살인 스릴러 부문 1위를 기록했다.
딸은 이 사실을 알리고 아버지가 직접
영상과 댓글을 볼 수 있도록 했다.
그리고 이 모습 역시 영상으로 촬영해 틱톡에 공유했다.
리처드는 끝내 눈물을 훔치며 딸에게 이렇게 말했다.
"고맙다. 며칠 동안 일어난 일은 정말 꿈만 같구나."

14년이란 세월 동안
끈기 있게 소설을 집필한 남성(인물)의 책이
전혀 팔리지 않았지만(갈등),
딸이 애정을 가지고 아버지를 위해 노력한다(해소).

이처럼 '**인물 – 갈등 – 해소**'의 흐름으로
진심을 전달하자 사람들의 마음이 움직였고,
기적 같은 일이 일어났다.

스토리텔링의 세 요소를 내 사례에도 적용해보겠다.
직업도 경력도 없던 나는 **(인물)**,
콘텐츠를 생산하는 전문가가 되고 싶었다 **(갈등)**.
그래서 필사와 '하루 50페이지 독서'를 실천했다.
이를 통해 어떤 주제든 설득력 있게 쓰는 법을 깨우쳤다.
내가 알게 된 것을 글과 영상으로 만들었다.
조회수가 17회밖에 안 나와도 영상을 꾸준히 만들었다.
그 결과 출판사와 광고주에게서 연락이 오기 시작했다.
지금은 영상 브랜딩 서비스를 제공하며,
각계각층의 다양한 사람이 '글천개' 팀을 찾는다 **(해소)**.

스토리텔링 3요소는 어떤 업종에도 적용할 수 있다.
물론 스토리텔링의 3요소를 이해했다고
처음부터 엄청난 수익을 벌 수 있는 건 아니다.
탁월한 결과를 내려면 적어도 6개월은
꾸준하게 노력해봐야 한다.

그리고 그 글에는 반드시 스토리텔링이 들어가야 한다.
'인·갈·해(인물·갈등·해소)'를 기억하자.

덧붙여, 혹시 궁금해할 사람들을 위해
내가 해온 잡지 필사법을 간단하게 공개하겠다.

1. 지식 수집: 내 분야의 잡지를 정독하고,
   전문 용어, 개념, 문장 구조를 그대로 필사한다.
2. 방법 정리: 글 안에서 반복적으로 등장하는
   패턴, 설득 방식, 제목 구성법은 따로 정리한다.
3. 기술 습득: 정리한 내용을 기반으로
   글과 영상을 직접 만들어보며 '재현력'을 키운다.

매출을 20만 원에서 1억 원으로 퀀텀 점프시키는 카피라이팅 3요소

나에게도 하루 매출이 10만 원도 안 되던 시절이 있었다.
그러던 것이 100만 원, 5,000만 원,
심지어 하루 1억 원대의 매출로 퀀텀 점프했다.
그 변화의 시작은 거창한 전략이 아니었다.
단 하나, '카피라이팅'의 힘을 알게 된 순간부터였다.

많은 사람이 카피라이팅을 소수의 재능 있는 사람들만
다룰 수 있는 기술이라 오해한다.

그러나 누구나 기가 막힌 카피를 쓸 수 있다.
그 비밀은 아주 단순한 심리에 기반한다.

"이기심을 내려놓고 상대를 이해하라!"

카피는 단순히 상품 장점을 설명하는 게 아니라,
고객을 이해하고 결정을 도와주는 말이어야 한다.
구체적인 예를 통해 설명해보겠다.

유재석이 광고 모델로 나와 주목받았던 교육 플랫폼
'엘리하이'를 아는가?
엘리하이는 초등학생을 위한 온라인 학습 플랫폼이다.

만약 엘리하이가 이렇게 광고했다면 어떨까?
"저희는 다른 업체보다 커리큘럼이 우수합니다.
꼭 구매하세요."
이는 고객이 얻을 수 있는 베네핏에 호소하지 않는, 무미건조한
내용일 뿐이다.
이런 메시지는 고객의 마음을 움직이지 못한다.

카피라이팅의 기본 3요소

이제, 카피를 다시 써보자.
언제나 명심할 것은, 다음 세 요소를 고려하는 것이다.

첫째, 아이템

아이템은 당연히 당신이 판매하는 상품이나 서비스다.
이 사례에서 아이템은 '엘리하이'라는 학습 도구다.

둘째, 대상

대상은 타깃이다. 엘리하이의 경우 대상은
넓게 보면 4~7세 또는 초등학생 자녀를 둔 부모들이다.
대상이 잘못 설정되면 매출에 타격을 입는다.
가령 70대인 어머니에게 엘리하이를 소개하며
"어머니, 과학고와 서울대를 가야 해요."라고 말한다면
어머니는 어떻게 반응할까?
어머니는 "쓸데없는 소리 말고, 내 관절 건강부터 챙겨라."
라고 할 것이다.
이처럼 같은 제품도 대상에 따라 메시지가 달라야 한다.

셋째, 베네핏

베네핏은 고객들이 얻을 수 있는 이익이다.
엘리하이의 경우 베네핏은 '학원보다 저렴한 비용으로
우수한 커리큘럼을 제공한다'는 것이다.

자동차를 구매한다고 할 때,
어떤 대리점에서 사든 자동차의 성능은 동일하다.
그런데 왜 사람들은 특정 대리점을 선택할까?
그 이유는 '베네핏' 때문이다.
어떤 대리점은 골프채를 주고, 어떤 대리점은 식사권을 준다.
고객들은 부가적인 혜택을 보고 구매처를 결정한다.
역사적으로 가장 강력한 베네핏은 '무료' 또는 '할인'이다.

세 요소를 모두 고려해서 엘리하이의 카피를 써보자.
예를 들어, 이렇게 하면 어떨까?

"어머니, 저희는 130년 전통의 캐나다
몬테소리 교육법을 도입했습니다.
이 교육법 덕분에 과학고와 서울대로 진학한
학생들이 넘쳐납니다.

게다가 7주 동안 무료로 체험할 수 있습니다.
비싼 돈을 내기 전에 먼저 경험해보세요."

이처럼 타깃 고객들이 필요로 하는 베네핏을 강조하면
고객의 지갑이 자연스레 열린다.
고객은 막연한 상품의 장점보다,
자신에게 구체적으로 어떤 이득이 있을지를 본다.

'좋아요'가 폭발하는 카피의 비결

마케팅은 크게 세 가지 시점으로 나뉜다.
1. (온·오프라인 매장) 방문 전: 관심을 끄는 광고나 콘텐츠를 통해 관심을 끈다.
2. 방문 중: 체험판이나 무료 혜택을 제공해서 고객을 유입한다.
3. 방문 후: 추가 혜택이나 할인을 통해 충성 고객으로 전환한다.

이 모든 구간에서 적절한 한 줄의 카피가
매출을 결정짓는다.

고객과 '공감'하는 카피

예를 들어, "이번 달 월정액을 구매하면 15퍼센트 할인 쿠폰을 드립니다. 다른 사람들에게는 비밀로 해주세요."와 같은 메시지는 고객의 마음을 움직인다.

지금 당장 100만 원, 1,000만 원을 버는 것도 중요하다.
그러나 정말로 우리에게 중요한 건
'지속 가능한 매출 구조를 만드는 것'이다.
이를 위해서는 고객들과 **'공감'** 할 수 있어야 한다.

《SNS 마케팅 글쓰기》에는 '김제동의 톡투유: 걱정 말아요 그대'라는 방송의 예가 나온다.
이 방송은 방청객을 초대하여 실제 청중의 고민거리를 듣고, 김제동 씨와 전문가들이 이야기를 나누는
토크 콘서트 형식의 프로그램이었다.
이 프로그램에서 김제동 씨가 종종 하는 멘트가 있다.

"그럴 때 있으시죠?"

이 말 한마디로 그는 사람들과 공감했고,

이 말 하나로 사람들은 마음을 열었다.

이처럼 나와 비슷한 경험을 하고,
나와 같은 생각을 하고,
나와 같은 미래를 꿈꾸는 이들에게
우리는 조금이라도 마음이 더 간다.

SNS에서 그런 글을 보게 되면
하트를 꾸욱 눌러 공감을 표현한다.
'소통'이라는 해시태그가 인기를 끄는 가운데,
공감을 얻는다는 것은 매우 의미 있는 일이다.
우리가 SNS상에서 새로 친구를 만나
서로 소통하기를 약속할 때 공감이 기본이 되는 이유다.

이것이 마케팅의 영역으로 넘어온다면, 고객의 하트는
브랜드의 인지도를 향상시키고 구매 욕구를 자극한다.

고객을 '쉽게' 이해시키는 카피

카피라이팅 팁을 하나 더 공유하겠다.
카피를 만들 때는 타깃의 지식 수준을 고려해야 한다.

기본적으로 '쉽게' 쓰자는 얘기다.
나에게 매우 쉬운 내용이 독자에게는
그렇지 않을 수도 있기 때문이다.
특히 전문 용어나 이론, 개념 등을 언급할 때는
적절한 설명과 예시가 필수다.

《마케터의 글쓰기》에 소개된 사례를 통해
지식의 저주가 얼마나 치명적인지 살펴보자.
한때 '보그병신체'라는 단어가 화제가 된 적이 있다.
패션 큐레이터 김홍기 씨가 블로그에 쓴
'보그병신체에 대한 단상'이라는 글이 SNS를 타고 퍼졌다.
그 글에서 비판한 '보그병신체'란 예컨대 이런 식이다.

'이번 스프링 시즌의 릴랙스한 위크앤드,
블루톤이 가미된 시크하고 큐트한 원피스는
로맨스를 꿈꾸는 당신의 머스트 해브 아이템.'

대부분의 단어를 번역하지 않고 영어 발음을 한글로 옮겼다.
이처럼 허세 가득하고 해괴망측하기까지 한 글이
탄생한 이유는 무엇일까?

그건 바로 '있어 보이려는' 강박 때문이다.

진심으로 조언하건대, '있어 보이려'다 망한다.
카피는 사람들의 심장을 관통해야 한다.
3초 만에 이해되어야 한다.

보는 사람이 고개를 갸우뚱하는 찰나에 기회는 날아간다.
매출을 원한다면 나만 좋아하는 글이 아니라,
사람을 움직이는 글을 쓰자.

더 많은 사람을 매료하는 글의 조건

좋은 콘텐츠의 출발점은 언제나 같다. 바로 글쓰기다.
'글천개'라는 닉네임을 가진 나도 글을 능수능란하게
쓰기 위해서 몇 개월 동안 잡지 필사를 했다.
그렇게 상업적인 글을 따라 써보면서
돈이 되는 글쓰기의 구조를 깨우쳤다.
그렇다면 사람들의 마음을 움직이고,
매출까지 연결되는 글은 어떤 조건을 갖춰야 할까?

1. 내용: 새롭고 유익해야 한다

우선 정보의 질이 높아야 한다.
여기서 말하는 '질 높은 정보'란
누구나 검색하면 나오는 뻔한 이야기가 아니다.
보는 사람이 '이건 몰랐는데?', '이건 해봐야겠다'는
생각이 들 만큼 새롭고, 유용하고, 실행 가능한 내용이어야 한다.

2. 가독성: 읽기 쉽게 써야 한다

나는 보험, 유치원, 커피 원두, 김치, 변호사, 식당 등
다양한 업종의 콘텐츠를 기획해왔다.
내가 직접 피부과 시술을 해보지 않아도,
피부관리사 콘텐츠를 잘 쓰는 이유는 단 하나.
가독성이 확보되어 있기 때문이다.
가독성이 좋다는 건 누구나 쉽게 이해할 수 있다는 뜻이다.

나는 의뢰인의 설명 수준을 대략 상·중·하로 체크한다.
설명 능력이 약하면, 목표에 도달하기까지

한참을 돌아갈 수 있기 때문이다.

알기 쉽게 설명하는 능력은

콘텐츠 시장에서 결정적 무기가 된다.

글을 쉽게 쓰려면 다음 세 가지 감각을 장착하자.

첫째, 시간 감각: 글은 3분, 영상은 10분 이내로 만들어라

지금은 콘텐츠가 넘쳐나는 시대다.

그리고 사람들은 누구나 시간을 아끼고 싶어 한다.

따라서 한 가지 주제를 2~3분 정도 분량으로 써보자.

영상도 10분이 넘지 않도록 하라.

둘째, 요약 감각: 핵심을 짚어라

아무리 전문성이 뛰어나도 설명이 길고 어려우면

사람들은 떠난다.

복잡한 개념이라도 간략하게 요약하고 핵심을 짚어줘야 한다.

물론 내용이 불가피하게 길어질 수도 있다.

이런 경우에는 끝에 2~3줄 요약을 더하면

독자들이 이해하기 쉬워진다.

셋째, 예시 감각: 찰떡 같은 예시로 이해를 도와라

쉽게 설명하는 가장 좋은 방법은 예시를 드는 것이다.
예를 들어, 손흥민을 모르는 사람에게
"그는 한국의 메시야."라고 설명하면 단박에 이해가 된다.
단락마다, 쟁점마다, 이슈마다 예시를 들어라.
이렇게 하면 이해를 도울 수 있다.

이 세 가지를 한마디로 요약하면,

시·요·예(시간·요약·예시)

제아무리 전문가라고 해도, 난해하고 지식을 과시하는 듯한 글은 거부감을 일으킨다.
전문성은 인정받을지언정 사람들의 마음은 멀어진다.

문장을 간결하게 쓰는 꿀팁을 공유하겠다.
다음 표현들은 가급적 피해야 한다.

'및'
'하도록 한다'

'대하여, 관하여'

'할 수 있다'

'하고 있다'

'시킨다'

이런 표현을 자주 쓰면 문장의 흐름을 방해한다. 이것들만 배제해도 충분히 가독성 높은 문장이 나온다. 예를 들어보자.

'타 부서 **및** 타 기관의 요청에 대하여 신속 **및** 정확한 대응 **및** 방안을 제시한다.'

'및'을 남발하면 글이 딱딱해지고 이해하기 어려워진다. 이 문장을 이렇게 바꿔보자.

'**타 부서와 타 기관의 요청에 신속하고 정확하게 대응하고 방안을 제시한다.**'

'및'을 제거하니 눈에 훨씬 더 잘 들어온다. 또 다른 예를 보자.

'성분 분석 결과에 **대하여** 문제점을 발견하고
신규 제품 지식에 **관하여** 숙지할 수 있다.'

'대하여'와 '관하여'가 글을 모호하게 만든다.
어떻게 바꾸면 좋을까?

'성분 분석 결과에서 문제점을 발견하고 신규 제품 지식을 숙지한다.'

훨씬 뜻이 명확하고 깔끔해졌다.
유튜브 원고를 쓰거나 인스타에 글을 올릴 때
이런 것만 줄여도 가독성이 팍팍 올라간다.

《어린 왕자》를 쓴 프랑스의 소설가 생텍쥐페리는
"완벽함이란 더 이상 추가할 것이 없을 때가 아니라
더 이상 버릴 것이 없을 때다."라고 했다.
또 20세기 과학계를 뒤흔든 천재 물리학자 아인슈타인은
"단순하게 설명하지 못하면 충분히 이해하지 못한 것이다."
라고 했다.
특히 오늘날 고객들은 복잡하고 어려운 걸 참지 않는다.
단순하고 명료한 메시지만이 살아남는다.

결국 좋은 글이란 간결하면서도 핵심을 전달하는 글이다. 독자의 시간을 아끼고, 명확한 내용을 담아 신뢰를 쌓는 것이 중요하다.

3초 만에 기억되는 콘셉트의 힘

나는 '글을 1,000개 쓴 사람'이라는 의미로
유튜브 닉네임을 '글천개'로 정했다.
사업 초창기에 글쓰기 콘텐츠로 시작했는데,
잡지 필사, 전자책 쓰는 법 등
실전형 글쓰기 노하우를 전달했다.
지금은 종합 마케팅으로 확장되었지만,
내 아이덴티티는 여전히 '글을 쓰는 사람'이다.

'글천개'라는 콘셉트 덕분에 지금도 많은 사람이
내 닉네임을 들으면 '글을 잘 쓰는 사람'이라는
이미지를 떠올린다.
이게 바로 콘셉트의 힘이다.
콘셉트가 명확한 닉네임만으로도
브랜드가 되고 자산이 된다.

온라인에서는 콘텐츠보다 콘셉트가 중요하다.

아무리 훌륭한 제품과 서비스를 가졌어도
콘셉트 없이 무작정 활동한다면
아무도 당신을 기억하지 못한다.
즉, 기억에 남지 않는다면 매번 당신을 알려야 한다.
그게 다 돈 낭비, 시간 낭비다.

콘셉트가 없으면 당신은 흔한 잡상인에 불과하다.
반면, 명확한 콘셉트를 잡으면 특정 분야에서
탁월한 문제 해결사로 자리 잡을 수 있다.
특히 온라인에서 활동하고자 한다면,
콘셉트를 더욱 명확하게 해야 한다.

그럼 콘셉트는 무엇인가? 어떻게 정해야 할까?
당신이나 당신이 하는 일을 한 문장으로 설명해보라.

"나는 누구이고,
어떤 문제를 해결해줄 수 있는 사람인가?"

이게 바로 당신의 콘셉트다.

빌 비숍의 《핑크펭귄》은 '어떻게 사람들의 기억 속에 살아남을 수 있을까?'를 다룬 책이다.
여기서 '펭귄'은 흔한 존재다.
펭귄은 전부 비슷비슷하게 생겼고, 무리를 지어 다닌다.
하지만 그 무리 속에 딱 한 마리 '핑크색 펭귄'이 있다면?
당신은 누구보다 빨리 그 한 마리를 알아볼 것이다.

이 책은 말한다.

"콘셉트를 색깔처럼 뚜렷하게 입히고,
네이밍을 통해 눈에 띄게 하라.
그게 바로 '핑크펭귄'이 되는 법이다."

당신의 머릿속에 떠도는 아이디어에 어떤 이름을 붙일 것인가? 무형의 아이디어가 이름을 얻는 순간 존재감을 드러내며 잠재 고객들을 집중시킨다. 다음을 보자.

"마케팅 아이디어를 개발해서 패키징을 하는 일을 합니다."
→ "'빅 아이디어 어드벤처'라는 프로그램을 제공합니다."

"자산 관리와 설계를 돕습니다."
→ "'자산 관리 성공 솔루션'을 제공합니다."

"치과의사입니다."
→ "'당당한 미소 프로그램'을 운영합니다."

차이가 느껴지는가? 후자가 고객을 더욱 집중시킨다.

**콘셉트와 네이밍은 무형의 가치를
손에 잡히는 '패키지'로 변환하는 기술이다.**

예전에 아내와 함께 뉴욕에 갔을 때 공항에서 택시를 불렀다. 택시에 오르자마자 우리가 머나먼 이국에 있다는 느낌이 단번에 들었다.

택시 내부가 바닥부터 천장까지 장난감과 트로피,

점멸등, 액션 피규어로 가득 차 있었던 것이다.

게다가 마침 부활절 시즌이라, 부활절 달걀 바구니까지

갖춰놓았다. 그뿐이 아니다.

양옆에 마련된 진열대에는 잡지들이 꽂혀 있고,

앞좌석 등받이에 설치된 모니터에는

발리우드 뮤직비디오가 나오고 있었다.

택시 기사는 자신을 '아크버'라고 소개하고,

환한 미소와 함께 환영 인사를 건네며 이렇게 설명했다.

"탑승하시는 시간 동안 재밌게 보내시라고 준비했습니다.

기분 좋은 하루를 보내자는 의미로요.

저는 이 택시를 '우주 택시'라고 부릅니다."

지금 생각해봐도 아크버는 '빅 아이디어'를 가진 사람이다.

그는 택시 업계에 종사하는 수많은 펭귄 중의 하나가 아니라,

유일무이한 '핑크펭귄'이었다.

아크버는 도착지에 다다라 우리를 내려주면서

이렇게 말했다.

"제 택시를 타신 손님들은 다들 흡족해하십니다.
재미있는 경험으로 받아들이거든요.
이런 택시는 난생처음이라고 하시면서요."

기억되지 않는 모든 것은 사라진다.
고객의 뇌리에 남아야 한다. 그러나 고객은 바쁘다.
그래서 당신의 콘셉트는 매우 날카로워야 한다.

콘셉트는 또한 특정 고객들을 불러 모은다.
세스 고딘의 《마케팅이다》에 등장하는 사례를 살펴보자.
'펭귄매직'PenguinMagic.com은 마술사들을 위한 온라인 쇼핑몰로
온라인 마케팅을 전략적으로 잘 활용한 브랜드다.

우리 동네에도 그런 가게가 있는데, 희미한 조명, 목재 벽,
주인이 직접 카운터를 지키는 전형적인 모습이다.
주인은 직업을 사랑했을지 모르지만, 크게 성공하지는 못했다.

반면, 펭귄매직은 고객이 진짜 원하는 것을 정확히 이해하며
자신만의 방식으로 성장했다.
펭귄매직의 방식은 다음과 같다.

첫째, 모든 마술 용품을 영상으로 소개한다.
비밀은 공개하지 않지만 긴장감을 유도해
고객이 '직접 구매해 풀어보고 싶게' 만든다.
지금까지 10억 회 이상 조회된 콘텐츠들이
유통비 없이 이뤄졌다.

둘째, 핵심 고객이 아마추어임을 정확히 이해했다.
프로 마술사는 몇 가지 마술만 반복하지만,
아마추어는 늘 새로운 마술을 보여줘야 한다.
펭귄매직은 이런 니즈에 집중했다.

**셋째, 제품마다 실제 마술사들이 작성한 리뷰가
8만 건 이상 누적되어 있다.**
전문적인 평가가 신뢰를 형성하고,
고객 간 유대감을 만들었다.

게다가 펭귄매직은 제품 발매 주기가 매우 짧고,
아이디어에서 출시까지 한 달도 걸리지 않는다.
현재 사이트에는 1만 6,000종 이상의 제품이 등록되어 있다.
그뿐 아니라 이들은 마술 강연 300회, 마술 대회 100회를 개최하며 커뮤니티를 확장했다.
마술 애호가들이 서로 배우고 교류하면서
이 브랜드 역시 함께 성장하고 있다.

당신이 파는 상품과 서비스는
고객에게 어떻게 기억되고 있는가?
당신이 만든 콘텐츠는 어떻게 회자되고 있는가?

이 질문에 답할 수 없다면,
당신은 매번 '처음부터 설명해야 하는' 비즈니스를
하고 있는 것이다.

**콘셉트는 당신의 브랜드를
고객의 기억 속에 '찔러 넣는 바늘'이다.
이 바늘 하나가 매출이라는 장벽을 관통할 것이다.**

무일푼에서 월 1,000만 원으로, '지렁이 법칙' 4단계

나는 실제로 아무것도 없이 글 하나로 시작했다.
그리고 지금은 글만으로 매월 수천만 원,
1년에 수억 원의 수익을 낸다.
누구나 글 써서 돈을 벌 수 있을까?
답은 '예스'다.

팔 물건이 있다면 더 좋지만, 없어도 시작할 수 있다.
단, 잘 써야 한다.

그리고 내 글을 최대한 많은 사람에게 노출해야 한다.
무일푼 상태에서 글만 써서 돈을 버는 방법을
낚시에 비유해보겠다.

- **낚싯대: 팔 수 있는 상품 혹은 서비스**
- **지렁이: 고객이 관심 가질 유용한 정보**
- **물고기: 구매자**
- **물고기를 낚는다: 매출이 일어난다**

이 구조를 이해하면 글쓰기로 돈 버는 공식이 명확해진다.
핵심은 고객 입장에서 생각하며, 지렁이를 물게 하는 글을
꾸준히 쓰는 것이다.
글로 돈을 버는 4단계는 다음과 같다.

1단계: 맨몸 낚시 – 아무것도 없어도 시작하라

말 그대로 몸뚱어리 빼고 아무것도 없다.
어디서부터 어떻게 시작할지 감도 안 잡힌다.
맨땅에 헤딩하듯 아무 글이나 쓴다.

예를 들어 "오늘 날씨가 좋네요. 밥은 맛있게 드셨나요?" 같은
내용이 대표적이다.

이런 글은 정보도 없고, 도움도 되지 않으며 읽을 이유조차 없다.
그럼 효과가 없으니 포기해야 할까? 아니다.
특별한 가치를 주지 않기에 판매를 일으키지 않지만,
글쓰기 습관을 기른다는 관점에서는 꼭 필요하다.
글쓰기에 대한 거부감이 있다면
다음 단계로 진입할 수 없기 때문이다.

누구나 초심자의 시기를 겪는다.
처음부터 홈런을 치겠다고 의욕을 불태우지 말자.
일단 배트를 꽉 쥐고 휘두르는 연습부터 하자.

유명한 동기부여 전문가 브라이언 트레이시 Brian Tracy 는
이렇게 말한다.
"물론 우선 행동하는 것이 중요하다.
그다음으로 중요한 것은 피드백을 수용하는 것이다."

어떤 아이디어가 떠오르면 행동하고 빠르게 실패하고,

결과에서 배우고 계획을 수정해서 다시 도전하라.
성공은 단 한 번의 시도가 아니라,
행동하고 실패하고 배우고 다시 도전하는
순환에서 만들어진다.
그러니 일단 글을 쓰고 사람들의 반응을
살피는 과정부터 거치자.

2단계: 낚싯대 대여 – 남의 상품으로 연습하라

이 단계에서는 남의 상품을 리뷰하거나 홍보하며
글쓰기 실력을 쌓는다.
서울의 유명 카페 맛집 리뷰, 신형 전기차 후기
같은 글이 여기에 해당한다.
보통 이런 글들은 블로그에서 많이 볼 수 있다.
글쓰기 실력을 본격적으로 키우는 게 목적이다.
돈이 목적은 아니지만, 돈도 따라온다.

나는 책을 좋아해서 책 리뷰를 꾸준히 썼다.
그 결과 출판사에서 연락이 왔고 협찬과 광고 요청을 받았다.

건당 수익이 일주일 아르바이트 급여를 훌쩍 넘겼다.
남들에게 이로운 글을 썼더니 금전적 혜택을 받았다.

누군가에게 도움이 되는 글을 꾸준히 써보자.
그리고 리뷰성 글을 쓸 때는 언제나
'고객 입장에서 출발한다'는 마인드가 있어야 한다.

《SNS 마케팅 글쓰기》에 소개된 사례를 살펴보자.
홈쇼핑에서 자주 들리는 멘트가 있다.
"얼마나 불편하셨어요?"
고객이 일상생활에서 겪을 불편함이나 고충을 예상하고
이를 개선한 상품을 내놓으며 종종 하는 말이다.
언젠가 스테인리스 밀폐용기를 판매하는
홈쇼핑 프로그램에서도 이 말을 반복적으로 들었다.

"뜨거운 국물이나 이유식을 용기에 바로 담았다가 찌그러져서
망가뜨린 경험 있으시죠?"
"밀폐 뚜껑에서 김칫국물이 새거나, 오래 쓰다가 뚜껑 날개가
부러지면 아까우셨죠?"
그러고는 자사의 기존 제품과 비교하며

신제품의 '변형 방지, 밀폐 1만 회 테스트' 결과를 강조했다.

이렇듯 고객 입장에서 먼저 생각한 말과 글은
고객의 마음을 열게 한다.
이것은 SNS에서 유명한 인플루언서의 경우를 봐도
알 수 있다.
예를 들어, 화장품 판매 글만 게시한 계정보다
실제로 써본 경험을 들려주며
'이럴 때 이거 쓰니까 좋더라'며 추천해주는
인플루언서 계정의 팔로어 수가 더 많은 이유다.

"눈 화장할 때 아이라인 그리다가 삐져나가서
난감하셨던 적 있죠?
불편하게 화장한 것 전부 지우지 말고
수정 면봉 써보시면 진짜 편해요."

이처럼 경험이 담긴 말은 공감을 부르고,
자연스럽게 구매 욕구로까지 이어진다.
SNS 글을 쓸 때는 '팔고 싶다'는 마음보다
고객 입장에서 먼저 생각해야 한다.

3단계: 나만의 낚싯대 – 자신의 상품을 만들어라

이제부터 나만의 상품이나 콘텐츠를 만들어 판매한다.
나는 대학원생 시절 '중고차 사기 안 당하는 법'에 대한
정보를 정리해 글로 썼다.
그리고 이 글을 카페 회원들에게 9,900원에 판매했고,
당시 학생 신분으로 큰 수익을 올렸다.
그 글이 잘 팔렸던 이유는 당시
중고차 정보가 부족했기 때문이다.
정보의 비대칭성을 활용하면 돈을 벌 기회가 생긴다.

현재에도 이런 방식은 유효하다.
'책 1,000권을 읽고 찾아낸 베스트 5권'
같은 전자책을 만들면 충분히 팔린다.
사람들이 반드시 얻고 싶어 하는 정보,
즉 '지렁이'를 찾는 게 핵심이다.
왜 지렁이일까? 지렁이는 미천해 보이지만
낚시에서 가장 잘 먹히는 미끼다.
글도 마찬가지다.
겉보기에 현란한 글보다,

'진짜 유용한 정보'가 있는 글이 잘 팔린다.

4단계: 고급 낚싯대 – 문제를 해결하는 서비스로 확장하라

이제는 단순히 정보를 제공하는 것을 넘어
문제를 완전히 해결해주자.
'중고차 옵션 정리'라는 전자책을 냈다고 해보자.
이 책을 본 독자가 '차를 대신 골라달라'는
제안을 먼저 해 올 수 있다.
그러면 중고차 구매 동행 서비스를 제공하는
새로운 기회(업셀링)까지 생기게 된다.
차량 확인, 옵션 점검, 흥정, 계약까지 중고차 구매의
모든 과정을 책임지는 것이다.
이렇게 처음부터 끝까지 해결해주는 솔루션은
단순 전자책 판매 수익보다
더 높은 금액을 받을 수 있다.

부동산 경매 학원을 운영하던 고객 사례도 있다.

기존 매출이 월 1,000만~2,000만 원이었지만
학원 홍보와 고객 등록을 대행하면서
보름 만에 월 매출이 1억 원을 넘었다.
이 단계에 진입하면 단순한 글쓰기에서
완전한 비즈니스로 확장된다.

4단계를 성실히 이행하면 처음에는 아무것도 없어도
6개월이면 웬만한 월급 이상의 수익을 올릴 것이다.

확장의 순간에 흔히 놓치는 중요한 포인트가 있다.
'내가 한 명에게 쏟아붓던 정성을
1,000명에게도 유지할 수 있는가?'

보통 사업 초기에는 한 명의 고객에게 전력을 다한다.
그래서 좋은 평판이 쌓인다.
그러나 고객이 10명, 100명, 1,000명이 되었을 때
그 방식을 유지할 수 없다면
서비스와 품질이 떨어질 수밖에 없다.
이때 고객은 말로 표현하진 않아도,
품질이 달라졌다는 걸 직감한다.

성장의 시기에는 혼자 하던 방식에서 벗어나야 한다.
반복되는 고객 응대, 상품 구성, 콘텐츠 전달 등을
시스템화해야 한다.
이때 어떻게 하면 일정하게 고객을 만족시킬지
끊임없이 고민하고 실행해야 한다.

확장을 가능하게 하는 또 다른 축은 '제안의 기술'이다.

《마케팅 설계자》에는 흥미로운 사례가 나온다.
어느 날 부부가 오붓한 저녁을 보내기 위해
아이를 맡길 베이비시터를 찾는다.
이때 단순히 '시간이 되는 베이비시터'와
'아이를 위한 여러 가지 서비스를 약속한 베이비시터' 중
누구를 선택하겠는가?

나라면 후자를 선택할 것이다.
좋은 제안을 해줬다면 다른 베이비시터보다
더 많은 돈을 지불할 수도 있다.
그 이유는 간단하다.
그 베이비시터가 더 많은 가치를 제공하기 때문이다.

'세일즈 퍼널'이라는 개념이 있다.

고객이 구매에 이르기까지의 흐름을 깔때기 funnel 처럼 단계별로 구성한 것이다.

이 깔때기는 4단계로 이루어진다.

1. 인지: 고객이 당신을 처음 알게 되는 단계
2. 관심: 고객이 상품을 좀 더 알고 싶어지는 단계
3. 욕구: 고객이 상품을 '갖고 싶다'는 욕구가 생기는 단계
4. 행동: 고객이 지갑을 여는 단계

이 모든 단계에서 중요한 것은,

각 시점에 딱 맞는 제안을 건네는 것이다.

예를 들어보자.

"○○하는 방법을 가르쳐주는 영상을 보려면 여기를 클릭하시오."

이 말을 이렇게 바꿔야 한다.

"당신의 이메일 주소를 알려주면 ○○○을 무료로 보내드립니다."

또한 사람들의 문제점을 긁어주는

'히어로 문장'이 반드시 포함되어야 한다.

예를 들어, 첫 번째 단계(인지)에서는

"이런 문제를 가진 분이라면, 이 영상을 꼭 보셔야 합니다."

두 번째 단계(관심)에서는

"이메일 주소를 남기면 무료 PDF 자료를 보내드립니다."

세 번째 단계(욕구)에서는

"이 강의로 수익이 ○○만 원 이상 늘었다는 고객들의 후기 모음"

네 번째 단계(행동)에서는

"오늘 안에 구매 시 1:1 컨설팅 포함 + 30퍼센트 할인"

이런 문구로 구매를 이끌어낸다.

각 제안은 문제 해결의 기대감을 포함하고 있어야 한다.
그래야 고객은 귀를 쫑긋 세우고 반응한다.
그게 바로 '히어로 문장'의 역할이다.

글쓰기는 단순한 취미가 아니다.

제안의 그릇이고, 신뢰를 쌓는 도구이며,
고객을 설득하는 무기다.

지금까지 설명한 '지렁이 법칙'을 활용하면
돈 버는 기회를 찾을 수 있다.
모든 시작은 글쓰기에서 비롯된다.
그 글이 당신의 첫 1,000만 원이 될 것이다.

조회수 100만이 터지는 카피는 무엇이 다를까?

딱 한 줄의 카피만 바꿔도 조회수가 '떡상' 하고
매출이 폭발한다.
이런 카피를 쓰는 데 세 가지 원칙이 있다.
간단하지만 이를 제대로 활용하는 사람은 소수다.
다시 말해, 이 원칙만 체화하면 누구나
효과적인 카피를 만들 수 있다!

첫 번째 원칙, 화제성

화제성은 사람들이 카피를 보고
즉각적으로 반응하게 만드는 요소다.
대상 독자에게서 즉각적인 관심을
끌 수 있는 주제를 찾아야 한다.
예를 들어 '죽은 상권에서도 돈 버는 가게의 비결'과 같은 문구는
후미진 곳에 가게를 차린 사람들의 관심을 끈다.
사람들은 자신의 문제를 바로 해결할 수 있는 내용에 반응한다.
화제성이 있는 카피는 반드시 독자가 자신의 문제를 인식하고
이를 해결할 수 있다는 기대를 주어야 한다.

두 번째 원칙, 편의성

사람들은 복잡한 정보를 싫어한다.
카피를 보는 즉시 문제 해결이 되겠다는
느낌을 받을 수 있어야 한다.
예를 들어 '뱃살 고민? 하루 5분만 투자하세요'는
목표 달성이 간단해 보이게 만든다.

이처럼 편의성을 강조한 카피는

독자가 문제를 쉽게 해결할 수 있다는 믿음을 준다.

또한 카피는 중학생도 쉽게 이해할 수 있어야 한다.

다음은 실제 카피라이팅 사례들이다.

- 줄눈 시공 부업 30분 배워서 100만 원 벌었습니다
- ○○만 바꿨더니 한 달 만에 매출 2배 떡상
- 1주일만 배우면 염색 전문가처럼 할 수 있습니다
- 집에서 염색해도 미용실 퀄리티 내는 법

세 번째 원칙, 효과성

카피는 눈에 보이는 결과를 강조해야 한다.

고객이 '이걸 하면 바로 효과를 볼 수 있겠다'는

기대감을 가질 수 있어야 한다.

예를 들어 '일주일 만에 두피가 달라집니다' 같은 문구는

즉각적인 결과를 기대하게 만든다.

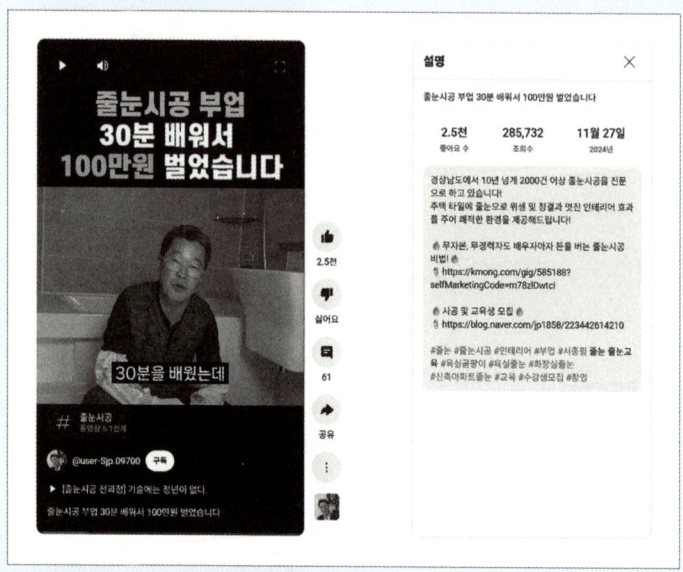

 줄눈 시공 부업 30분 배워서 100만 원 벌었습니다
* 유튜브: 서종필 줄눈

사람들이 가장 원하고 두려워하는 점을 짚어내어 효과를 강조하는 것이 중요하다.

글천개콘텐츠는 60개가 넘는 고객사에 이 방식을 적용해서 누적 5,000만 이상의 조회수를 기록했다.

사람들의 문제를 효과적으로 해결하는 카피라이팅을 했기에 가능했던 성과다.

다음의 실제 카피라이팅 사례를 참고해보자.

- 머리카락 2배 빨리 기르는 방법
- 지겨운 탈모 하루 300원이면 간단히 해결됩니다
- 무학력, 무경력자도 2시간에 15만 원 챙겨가는 직업
- 매일 ○○ 관리하면 무조건 매출 상승

세 가지 원칙을 조합하면, 고객의 관심은 자연스럽게 따라온다.

《한마디면 충분하다》에 나온 카피 사례를 살펴보자.
1980년대만 해도 맥주 시장은 완전히 OB 세상이었다.
그런데 1993년 느닷없이 나타난 하이트가 단 3년 만에
맥주계의 최강자를 가뿐히 눌러버렸다.

머리카락 2배 빨리 기르는 방법
* 틱톡: 블루라이프

그들을 시장의 승자로 만든 건 이 한 줄이었다.
'150미터 천연 암반수.'

이후 OB가 다시 1위를 되찾기까지 무려 15년이나 걸렸다.
OB 역시 수돗물이 아니라 암반수로 맥주를 만들었다.
그런데 단지 카피 문구 하나 때문에
그토록 오래 고전을 한 것이다.
이는 잘 만든 콘셉트 문구의 위력이 얼마나 강한지
새삼 느끼게 한다.

좋은 카피는 판매를 촉진한다.
본죽은 '불낙죽' 하나로 2016년 수능 날에만
2만 그릇을 판매하는 대박을 쳤다.
사실 그것은 '매운낙지죽'인데 '아니 불不에 떨어질 낙落'을 써서
'시험에 떨어지지 않는 죽'이라는 이름으로 불티나게
팔려 나갔다고 한다.
누가 죽 한 그릇으로 시험에 합격한다고 믿겠는가?
그런데도 매출이 폭발했다.
잘 쓴 카피 한 줄이 만든 기적이다.

덧붙여, 좋은 카피를 쓰는 꿀팁을 설명하겠다.
《기자의 글쓰기》에서는 '글은 상품'이라고 주장한다.
글은 상품이다. 독자는 상품을 사용하는 소비자다.
'생각하는 글' 혹은 '어려워야 좋은 글'이라는
생산자 중심 글쓰기를 하면
글은 어려워지고 논리는 파괴된다.

쉬운 글이 좋은 글이라는 사실을 명심하자.
쉬운 글이 되려면 논리가 명확하고
직설적이어야 하며 두서가 있어야 한다.

책에서는 또한 '글은 문자로 옮긴 이야기'라고 말한다.
글이 재미있으려면 이야기하듯 쓰면 된다.
할머니가 해주던 옛날이야기나
술자리에서 술을 마시면서,
친구와 전화 수다를 떨면서,
아니면 웃고 떠들면서 한 이야기도
문자로 옮기면 글이 된다.

카피 작성의 심화 전략

첫째, 대상을 명확히 하라

'20대 여성 의류 쇼핑몰.'
흔히 볼 수 있는 카피다. 뭐가 문제일까?
'20대 여성'이라는 대상은 있지만,
어떤 상황의 누구를 위한 옷인지 알기 어렵다.

대신 이렇게 써보자.
'동대문 1등 MD가 추천하는 10~20만 원대 데일리룩.'
이 카피는 가격대, 추천자, 용도(데일리룩)를 명확히 밝혀
'가성비 좋은 일상복을 찾는 젊은 여성'이라는 대상을
자연스럽게 상상하게 만든다.
대상의 상황과 니즈를 구체화하면 타깃이 선명해진다.

둘째, 차별화된 정보를 제공하라

사람은 '정보를 주는 사람'에게 귀를 연다.
예를 들어, '매년 꺼내 입는 겨울 기본템 10가지'처럼
정보를 담은 카피는 클릭을 유도한다.
정보 없는 글은 앙꼬 없는 찐빵이다.

《무자본으로 부의 추월차선 콘텐츠 만들기》에는
이런 설명이 나온다.
미국 럿거스 대학교 연구진에 따르면
SNS에서 사람들은 크게 세 부류로 나뉜다.

1. 미포머 Me+former. 자기 이야기만 하는 사람이다.
이들은 자신이 무엇을 했는지, 어디를 갔는지,
무엇을 봤는지에 대해 말하며,
셀피를 업데이트하는 것을 취미로 삼는다.
어디서 무엇을 하는지 굳이 알리지 않아도 될 내용을
자랑처럼 피드에 올린다.

2. 인포머 Informer. 정보를 올리는 사람이다.
이들은 이럴 때 이렇게 하라는 식으로 정보를 제공하거나
좋은 것이 있다는 내용을 올린다.
하지만 그 정보는 어디서나 볼 수 있는 일반적인 내용인
경우가 많아 큰 가치를 가지지 않는다.
정보형이라고 하지만,
결국은 자신이 이런 것을 안다거나 봤다는
자랑을 포함하는 경우가 대부분이다.

3. 마이포머My+former. '자기만의' 정보를 올리는 사람이다.

이들은 다른 곳에서는 볼 수 없는
차별화된 내용을 제공한다.
단순히 평가만 늘어놓거나 자신의 경험만 자랑하지 않고
자신의 경험을 지식으로 바꾸어 제공한다.
문제 해결에 도움이 되는 노하우나 기술, 팁을 제공하며
구체적으로 가르쳐준다.
이들은 문제가 생겼을 때 의지하고 싶고
돈을 내고서라도 도움을 받고 싶은 존재다.

인터넷에 무언가를 게시하는 사람들 중 90퍼센트가 미포머,
9퍼센트가 인포머라고 한다.

단 1퍼센트만이 마이포머이며
이들이 바로 콘텐츠 사업자다.
결국 타인에게 도움을 주는 사람이 판을 지배한다.

셋째, 구체적인 목표를 심어주는 카피를 써라

카피의 목적은 행동을 유도하는 것이다.
따라서 독자가 행동할 수 있는 구체적인 목표를

떠올릴 수 있도록 써야 한다.

'25평 매장에서 이렇게 했더니 월 3억 찍었습니다.'
이 카피는 독자에게 공간의 크기(25평)와
실행 결과(월 3억 원)를 제시하며
"나도 해볼 수 있겠는데?"라는 동기를 유발한다.

'월 매출 3억 찍은 사업가가 알려주는 쇼핑몰 성공 비법.'
이 카피는 신뢰성과 결과 중심의 정보를 제공해서
'성공한 사람의 방법을 배우고 싶다'는 욕망을 자극한다.

카피 작성 훈련법

카피는 감각이 아니라 '훈련'이다.
다음 세 가지 원칙에 따라 하루 열 문장씩 써보자.

1. 화제성 훈련: 독자가 즉각적으로 반응할 수 있는 주제를 선정해 문구를 만들어라.
2. 편의성 훈련: 간단하게 문제를 해결할 수 있다는 느낌을 주는지

점검하라.

3. 효과성 훈련: 작성한 카피가 명확한 결과를 제공하는지 확인하라.

세 가지 원칙을 기억하고
하루 30분씩 10개의 카피를 작성해보자.
일주일간 70개의 카피를 작성하면
카피 작성의 감각이 향상되고
시장에서 통하는 카피를 만들어낼 수 있다.

카피 작성은 성공적인 콘텐츠 제작의 시작점이며
가장 중요한 단계다.
아무리 영상이나 제품이 좋아도
그걸 클릭하게 만드는 건 '한 줄의 문장'이다.
당신도 최고의 카피라이터가 될 수 있다.

매일 읽고, 쓰고, 보고, 행동하라

글천개
마인드
3

무엇부터 해야 할지 막막한가? 가장 먼저 실력을 키워야 한다. 방법은 단순하다. 읽고, 쓰고, 보고, 행동하는 것이다. 매일 네 가지를 반복하자. 단, 아무거나 해서는 안 된다. 양질의 콘텐츠를 레퍼런스로 삼아야 한다.

예를 들어 랜딩 페이지 전문가가 되고 싶다면, 잘되는 페이지를 찾아 그대로 따라 써본다. 삼성전자 홈페이지에 들어가 헤드라인 카피부터 세부 내용, 사업자 정보까지 직접 써본다. 하루 10개씩 적는다면 7일이면 70개를 분석한 셈이다.

이건 내가 상세 페이지를 잘 쓰는 법을 배우고 싶을 때 했던 방식이다. 와디즈 펀딩에 올라오는 상세 페이지들을 따라 쓰고 분석했다. 매일 10개씩, 일주일이면 70개를 분석했다. 한동안 미친 듯이

했더니 이 정도면 충분하겠다는 생각이 들었다.

이 단계를 거치니 상세 페이지 강의나 홈페이지 제작법을 배우러 가도, 강사들이 가르쳐주는 것 중에 새로운 게 없었다.

나는 단순히 지식만 탐닉한 게 아니라, 실천을 통해 지식을 체화했다. 시장에서 검증된 사례를 보고 배우는 것만큼, 실력을 빠르게 향상시키는 방법은 없다. 시장에 정답이 있다.

예를 들어, 우리가 보는 랜딩 페이지는 최소 몇십만 원에서 몇백만 원의 비용을 투자한 산출물이다. 온갖 의사결정의 집합체다. 그래서 마케팅을 배울 때 랜딩 페이지를 연구하는 것만큼 좋은 공부는 없다.

영상 콘텐츠를 제작할 때도 마찬가지다. 내가 뛰어들려는 분야에 구독자가 많은 채널, 유의미한 조회수가 발생하는 채널에 들어가 모든 것들을 뜯어보자. 면밀히 분석하고, 그들의 강점을 어떻게 내 작품에 녹여낼 수 있는지 연구해보자.

좋은 표본을 발견하면 그대로 적고 배워야 한다. 성공한 사람을 만날 기회가 없고, 누가 가르쳐주지 않아도 괜찮다. 시장에 나온 정답지를 체화하면 된다. 그걸 내가 직접 다시 써보는 것이다.

나도 처음부터 실행력 '만렙'이었던 건 아니다. 가족에게 생활비 한 푼 못 주고 술만 퍼마시는 날들을 보냈다. 사업 실패로 무기력에 빠졌고 차라리 죽자는 생각까지 들었다.

그런데 세 번의 실패를 겪고 나니, 마음이 갑자기 평온해졌다. 어차피 실패한 인생, 뭐든지 처음부터 시작해도 되겠다고 생각했다.

그때부터 내 모든 정신과 행동은 성공에 집중되었다. 성공학 대가 나폴레온 힐Napoleon Hill 의 책들, 《원씽》 같은 자기계발 베스트셀러를 읽으며 성공한 사람들의 방법을 배웠다.

우리 뇌에는 망상활성화시스템Reticular Activating System, RAS 이라는 장치가 내장되어 있다고 한다. 이 시스템은 우리가 중요하다고 인식한 정보에 자동으로 주의를 집중하게 만든다. 성공이라는 목표를 설정하니, 내 뇌는 그 목표에 관련된 정보와 기회를 무의식적으로 인식하고 행동하게 되었다.

이후 오직 성공과 부에 대한 열망만 남았다. 덕분에 매일 읽고, 쓰고, 보고, 행동하는 습관을 들이게 되었다. 이 네 가지를 꾸준히 반복했을 뿐이다.

처음에는 아무 성과가 없는 것처럼 보였지만, 5개월 만에 첫 성과를 냈다. 지금은 부의 추월차선에 올라탔다.

성공을 위해 너무 거창한 계획을 세우거나 복잡하게 생각하지 말아야 한다. 지금 당장 읽고, 쓰고, 보고, 행동해야 한다. 매일 반복하면 어느 순간 성취의 순간이 찾아온다.

총 다섯 번 NBA 챔피언에 오르며, 역사상 가장 성공한 팀 중 하나로 평가받는 샌안토니오 스퍼스San Antonio Spurs 의 라커룸에는 사회개혁가 야콥 리스Jacob Riis 의 말이 걸려 있다.

"세상이 날 외면했다고 여겨질 때 나는 석공을 찾아간다. 석공이 100번 망치를 내리치지만, 돌에는 금조차 가지 않는다. 101번째 내리치자, 돌이 둘로 갈라진다. 나는 그 마지막 타격으로 돌이 갈라진 게 아님을 알고 있다. 그건 그전에 계속 내리친 일들의 결과다."

오늘 집중해서 망치를 한번 휘두르자. 그것이 성장의 밑거름이 된다.
매일 실천하는 게 어렵게 느껴진다면,《아주 작은 습관의 힘》에 나오는 지혜를 빌려보자. 그건 바로 어떤 행동이든 즐거운 경험과 연결되면 반복될 가능성이 높아진다는 것이다.

예를 들어, 운동 직후에 좋아하는 음악을 듣거나, 독서를 마친 뒤 따뜻한 차 한잔을 마시는 식이다. 습관은 의지보다 감정에 의해 강화된다. 좋은 기분과 함께하는 습관일수록 오래 지속된다.

때때로 마인드셋만 살짝 바꿔도 된다. 예를 들어 우리는 종종 언제 무슨 일을 해야 할지에 대해 이야기한다.

"일찍 일어나 출근해야 해."
"영업을 위해 전화를 몇 통 해야 해."
"저녁에는 가족을 위해 음식을 만들어야 해."

여기서 단어 하나만 바꿔보자.
'해야 한다'를 '해낸다'로.

"일찍 일어나 출근을 해낸다."
"영업을 위해 전화를 몇 통 해낸다."
"가족을 위해 음식을 만들어낸다."

단순히 단어 하나를 바꿨을 뿐인데 과제에 대한 관점이 바뀐다. 오늘도 읽고, 쓰고, 보고, 행동하는 여러분이 되길 바란다.

제4장

영상 한 개로 1,000만 원 버는 기적의 콘텐츠 설계

지금 필요한 건 '완벽' 말고 '완수'

자영업자들이 자주 빠지는 함정이 있다.
그건 바로 '완벽주의'다.
콘텐츠를 만들 때 글이든, 사진이든, 영상이든
완벽히 준비된 상태로 선보이고 싶어 한다.

부족한 부분을 채우기 위해 더 많은 자료를 찾아본다.
인터넷에서 오만가지 자료를 훑어본다.
현란한 손동작으로 찾는 척만 하는 경우도 부지기수다.

더 좋은 카메라를 사겠다며 여기저기 뒤적거린다.

그러나 한 달이 지나도 달라진 게 하나도 없다.

유튜브를 보면 대단한 사람들의 화려한 콘텐츠가 즐비한데

'내가 과연 될까?'라는 의구심에 망설인다.

그러느라 실행은 뒷전으로 밀려난다.

완벽주의가 발목을 잡는 것이다.

중요한 건 '완벽'이 아니라 '완수'다.

일단 실행하고 80퍼센트만 완성해서 세상에 내보내야 한다.

그래야만 건설적인 피드백을 얻을 수 있다.

개선과 발전의 여지는 이때 생긴다.

결국 성장은 실행과 피드백이라는

선순환에서 나오기 때문이다.

80퍼센트 준비됐다면 즉시 실행하자.

결과물이 엉성할 수 있다.

유튜브에서 항상 보는 10만, 100만 영상과 괴리가 클 수 있다.

그러나 부족함은 지속적으로 개선할 수 있다.

고민할 시간에 쇼츠 10개를 만드는 게 속된 말로 '개이득'이다.

그러면 적은 조회수라도 생긴다.
운이 좋다면 구매 전환도 된다.
완벽한 때를 기다리면 시간만 흘러가고
콘텐츠를 만들어낼 기회를 영영 잃게 된다.

유명한 마케팅 전문가 세스 고딘은
"세상에 내보내지 않으면 아무 일도 일어나지 않는다."
라고 말했다.
그는 100권 이상의 책을 썼지만,
그중 단 몇 권만이 세상에 널리 알려졌다.
그럼에도 그는 멈추지 않았다.
더 많은 책을 세상에 내놓았고, 그 과정을 통해서 《린치핀》,
《보랏빛 소가 온다》 같은 걸작이 탄생했다.
중요한 건 '오픈하는 것'이다.

여러분이 만드는 영상도 마찬가지다.
첫 번째 영상부터 대박이 터질 확률은 낮다.
그건 마치 당신이 야구를 시작한 첫날,

오타니 쇼헤이로 빙의해서 배트를 잡자마자
홈런을 치길 바라는 것과 같다.

꾸준히 영상을 만들고 지속적으로 내보내면
어느 순간 반응이 온다.
예전에 내 지인은 영상 한 편 제작하는 데
50만 원씩 쓸 계획이라고 했다.
하지만 시작도 안 했다.
스타트가 없으면 거창한 계획도 말짱 도루묵이다.

처음부터 대박을 노리지 말고,
80퍼센트 완성도로 쇼츠 10개만 만들어보자.

꾸준히 쌓아올린 노력은 어느 순간 복리로 돌아온다.
한때 알코올 중독에 빠져 2년 넘게 생활비 1만 원도
벌지 못했던 40대 백수가 있었다.
그는 온라인에 글을 쓰고 영상을 올리며 삶을 완전히 바꾸었다.
처음에는 서툴렀지만, 한결같이 실행하며
한 달에 1억 원을 버는 비법까지 터득했다.
그 시간 동안 그가 깨달은 가장 중요한 교훈은

'완벽함보다 실행이 중요하다'는 것이다.

온라인에 글이나 영상을 만드는 생산자로 살면서
그의 생각과 행동은 180도 달라졌다.
그는 이렇게 말한다.
"처음엔 아무도 내 글이나 영상을 보지 않았어요.
하지만 꾸준히 하다 보니 조금씩 반응이 오기 시작했죠.
몇몇은 비판도 했지만, 그 덕에 오히려 제가 더 날카로운
메시지를 전달할 수 있게 됐습니다."

욕을 먹는 것도 과정의 일부다.
그는 '욕을 먹더라도, 한쪽을 포기하고
메시지를 날카롭게 전하면 팬이 생긴다'고 강조했다.
처음부터 완벽한 글이나 영상을 만들려는 욕심을 버리고
부족하더라도 꾸준히 콘텐츠를
세상에 내보내는 과정에서 눈부신 성과를 거두었다.

그는 단지 경제적 성과만 얻은 게 아니다.
온라인에 콘텐츠를 올리는 과정은
그의 삶 자체를 탈바꿈시켰다.

그는 더 이상 하루하루를 낭비하지 않는다.
"오늘 한 걸음 더 나아가면, 내일의 내가 조금 더 나아질 수 있다는 생각이 들었어요."
이렇게 그는 2년 동안 아무것도 하지 못하던 삶에서
한 달에 수천만 원을 벌어들이는 삶으로 발전할 수 있었다.

사실 이 사람은 바로 나다.
내 유튜브 채널을 보면 알겠지만,
나는 미남형 얼굴이 아니다.
그래서 처음에는 얼굴을 노출하고 지식을 공유하는 일에
거부감을 느꼈다.
하지만 콘텐츠를 만든다는 것의 진정한 의미를 깨닫고
글로 싸우는 전사가 되었다.
이제는 적당히 준비가 되면 바로 실행에 옮긴다.

오늘부터 '80퍼센트 법칙'을 머릿속에 고정하자.
완벽은 머뭇거림을 낳지만 80퍼센트는 행동을 낳는다.

지금 당장 완벽하지 않아도 괜찮다.
중요한 건 경기장에 뛰어드는 것이다.

관중석에서 남의 성과나 비평하는 사람은
빈손으로 돌아갈 뿐이다.
반면, 부족하더라도 야금야금 행동으로 옮기는 사람은
실수를 통해 성장한다.
뭔가를 세상에 내보내야 피드백도 받고, 방향도 잡을 수 있다.
꾸준히 하다 보면 어느 순간 고객들의 눈에 띄기 시작할 것이다.

나는 그 과정을 여러분이 즐길 수 있도록
최선의 콘텐츠로 도울 것이다.
유튜브에 '글천개'를 검색해도 좋고,
더 진한 꿀팁을 얻고 싶다면 나를 직접 찾아와도 좋다.

경쟁자보다 잘하려고 하지 말고 다르게 하라

대한민국은 '비교 공화국'이다.
어릴 때부터 끊임없이 남과 비교하며 살아간다.
자영업자들도 예외는 아니다.
잘나가는 가게를 보며, 자신을 비하하거나 주눅 든다.

그들은 왜 남과 자신을 비교할까?
이유는 단순하다.
'나는 괜찮은 사장인가?'

'내 가게는 경쟁력이 있는가?'
자신에게 물어봤을 때 확신이 없기 때문이다.

그래서 '우열'로 자존감을 채우려 한다.
"저 가게보다 더 잘됐으니 나는 괜찮은 사장이야."
하지만 그런 자존감은 오래가지 않는다.
세상엔 언제나 나보다 더 잘난 사람이 있기 때문이다.
비교는 끝이 없다.

비교는 자존감을 채워주지 않는다.
오히려 자존감을 끊임없이 고갈시키는 악순환을 만든다.

매출, 구독자 수, 영상 퀄리티는 비교할 수 있다.
하지만 진짜 자존감은 비교 불가능한 것에서 나온다.
나의 취향, 신념, 가치관….
이런 것은 세상 어디에도 없는 나만의 것이다.

우리는 모두, 각자 고유하다.
예를 들어 한 가게는 친근한 동네 맛집을 지향하고,
다른 가게는 고급스러운 분위기를 내세운다.

어느 한쪽이 더 우월하다고 생각되는가?
두 곳은 단지 콘셉트가 다를 뿐이다.

그래서 나는 영상을 제작할 때,
다른 사람의 영상을 보지 않는다.
괜히 비교하며 자괴감을 느끼거나,
반대로 우월감을 갖지 않기 위해서다.
오직 사람들에게 양질의 정보를 주겠다는
목표에 집중한다.
항상 책을 보며 최고의 지식을 습득하려고 하지만,
타인을 우러러보며 자신을 깎아내리는
헛발질은 하지 않는다.

그 결과 나만의 고유한 무기, '캐릭터'가 생겼다.
내 콘텐츠를 보면 1분 만에 독특한 개성을 느낄 수 있다고
자부한다.

나는 자영업 고객들에게 이렇게 말한다.
"경쟁자는 어느 정도 무시하세요.
그보다 더 중요한 건, 나만의 색깔을 찾는 겁니다.

지금 해야 할 일은 비교가 아니라 창조예요.
경쟁자보다 잘하려고 하지 말고, 다르게 하십시다."

그럼 구체적으로 자신만의 콘텐츠를 만드는
방법을 소개하겠다.

영상 브랜딩, 세 가지만 기억하라

글천개콘텐츠에는 연 매출이 10억, 20억 원인 사람들도 온다.
500만 원을 버는 사람은 2,000만 원을 벌고 싶고,
1억 버는 사람은 10억 벌고 싶어 한다.
어떻게 매출을 높일 수 있을까? 정답은 영상이다.
글과 유료 광고, 네이버 플레이스 등은 한계가 뚜렷하다.
하지만 영상은 다르다. 영상은 지금 시대 최고의 유입 도구다.
실제로 글천개팀은 이 과정을 최적화해서
두 달 만에 매출이 퀀텀 점프했다.
상담 문의가 너무 많아서 처리하기 불가능할 정도다.

영상으로 브랜딩을 하고 싶다면 다음 세 가지만 명심하면 된다.

1. 즉시성: 영상은 매출로 연결되어야 한다

제작된 영상이 무조건 매출로 연결되어야 한다.
단기적인 조회수에 연연하지 말라. 매출이 관건이다.

"최소한 6개월 이상 해야 해요."
나는 이 말을 믿지 않는다.
자기 실력, 아이템만 확실하면
영상 한 편으로도 '떡상'할 수 있다.
이미 그런 세상이 도래했다.
나는 현장에서 기적 같은 성과를 매일 목격하고 있다.
전통 장을 판매하는 사장님은 숏폼 영상으로
완판 사례를 만들었다.
줄눈 시공 사장님은 영상 몇 편으로
유료 상담 줄을 길게 세웠다.

2. 책임성: 말한 대로 행동하라

영상을 통해서 언급한 말에 반드시 책임져야 한다.
그래야 사람들의 신뢰를 얻는다.
신뢰받는 사람이 되면 비즈니스는 프리패스가 된다.

《뼈 있는 아무 말 대잔치》라는 책은
신뢰받는 사람이 가진 특징을 소개한다.
신뢰가 높을수록 소통의 속도는 빨라진다.
절대적 신뢰는 광속의 소통을 가능케 한다.
절대적으로 신뢰하는 인물과의 대화를 떠올려보라.
그가 무언가를 한다고 하면 묻거나 따지지 않고
지지해줄 것이다.
그럼 신뢰를 쌓는 구체적인 방법은 무엇인가?

첫째, 언행일치다.

말과 행동이 달라서는 신뢰를 줄 수 없다.
특히 약속 혹은 계약을 잘 지켜야 한다.
불가피하게 지키지 못했다면 그 이유를 명료하게 설명해야 한다.

둘째, 솔선수범해야 한다.

말만 번지르르하게 하거나 중요한 순간에 꽁무니를 뺀다면
신뢰를 얻을 수 없다.

셋째, 도덕적 권위를 세워야 한다.

법을 잘 지키는 것은 물론이거니와
최대한 거짓된 행동을 하지 않으며
윤리적 가치를 삶을 통해 증명해내야 한다.

3. 비례성: 매출이 오르면 공격도 따라온다

좋은 일에 비례해서 나쁜 일도 생긴다.
매출이 오르는 건 좋은 일이다.
하지만 나쁜 점도 나타난다.
대표적으로 악플이 있다.
예를 들어 조회수 700만이 터졌다고 해보자.
악플은 필수불가결하게 따라온다.
콘텐츠 내용이 아무리 좋아도 마찬가지다.

글 천 개 콘텐츠를 통해서 돈을 많이 번 대표들이 있다.
그런데 일부는 불현듯 사업을 접는다.
멘탈 공격을 너무 당해서다.
평생 먹을 욕의 5배가 하루 만에 터질 수도 있다.
이때 '현타'가 진하게 온다.

매출만 커지면 만사 오케이라고 생각했는데,
부정적인 반응에 와르르 무너진다.
비례성을 간과하면 본인의 아이템에 혼란까지 온다.

그러니 댓글 같은 거 절대 보지 말고 숨김이나 차단 처리하자.
사업가의 멘탈은 누가 보호해주지 않는다.
스스로를 지키고 동기부여해야 된다.
미안하지만 힘이 빠질 겨를도 없다.
함께 일하는 직원들과 가족의 삶을 챙겨야 한다.

나만의 콘텐츠, '이·새·호·빠'로 시작하라

그럼 매출이 발생하는 영상은 어떻게 만들까?

'이·새·호·빠'만 기억하자.

이: 이 영상이 보는 이들에게 이득을 주거나,

새: 새롭거나,

호: 호기심을 마구 자극하거나.

빠: 빠른 해결책을 주거나!

이보다 쉬운 공식은 없다.

이 원리만 지키면 조회수가 100만, 200만씩 빵빵 터진다.

예를 들어, 난방 필름 제품을 홍보하는 영상을 만든다고 해보자.

이때 꼭 모든 정보를 다 설명할 필요는 없다.

보일러나 전기온돌 패널보다 난방 필름이 어떤 점에서 뛰어난지 한 가지만 명확하게 알려줘도 된다.

구체적인 '이득' 한 가지만 강조해도 충분히 관심을 끌 수 있다.

마지막으로 체크할 포인트가 있다.

성공적인 브랜딩은 자기 인식에서 시작된다.

자신이 기술자형인지 사업가형인지 파악해보자.

기술자형은 대개 폐쇄적이고 보수적이다.

자기 실력과 아이템을 고도화하는 데만 관심이 있다.

이런 사람들은 자기만의 세상이 확고하다.

그래서 융통성이 없는 경우도 있다.

반면 사업가형은 화술에 능하고 사람들과 잘 어울린다.

다만 이런 사람들은 종종 기술력이 떨어진다.

둘 중 무엇이든 괜찮다.
다만 어떤 성향이든 부족한 부분을 인정하고
보완할 줄 알아야 한다.
내가 부족한 건 그걸 잘하는 직원이나 파트너와 함께하면 된다.
결국 인사가 만사다. 이것만 유념하면 사업할 때 문제가 크게
생기지 않는다.

다시 강조하건대, 경쟁자는 보지 말자.
가장 비참한 게 경쟁자의 눈치를 살피는 거다.
이미 높은 수준에 도달한 사람을 보면서 한탄하지 말자.
그 사람도 당신처럼 출발하던 시기가 있었다.
오직 내 직원들과 나 자신의 눈치만 보면 된다.

'내가 오늘 할 일을 다 끝냈는가?'
이것만 신경 쓰자!

모든 고객이 아닌 '찐팬'이 필요하다

대부분 자영업자는 매출이 부진하면 그 원인을 경기 불황, 과잉 경쟁, 광고 부족 등에서 찾는다.
하지만 진짜 문제는 따로 있다.
그건 바로 당신의 브랜드를 열광적으로 응원하고, 입소문을 퍼트리며, 지속적으로 찾아오는 '찐팬'이 없다는 점이다.

찐팬은 어떤 존재인가?
신제품이 나오면 자발적으로 홍보하고,

몇 시간씩 기다려서라도 구매하고,
다른 사람에게 입소문을 내주는 사람들이다.
쉬운 예로, 특정 브랜드의 '신상'을 사기 위해
'오픈런' 하고, 리뷰를 남기는 사람들을 떠올려보라.

아무리 노력해도 모든 사람이 찐팬이 되지는 않는다.
성공적인 비즈니스의 핵심은
'모든 사람'을 대상으로 하지 않는 것이다.
오히려 가장 작은 유효 타깃, 즉 당신의 브랜드와 상품에
열광하는 1,000명의 팬을 확보하는 것이 정답이다.

파리에 한 작은 빵집은 흔한 바게트만 만들지 않고,
초콜릿 피스타치오 페이스트리 같은 특별한 메뉴를 개발해
열광적인 팬들을 만들었다고 한다.
이곳은 대량 생산보다 장인 정신을 고수하며
매일 한정된 수량만 판매해서 희소성을 높였고,
덕분에 세계 각지에서 온 고객들이 줄을 서서 기다리는
명소가 되었다.
이런 작은 차이가 고객과 강력한 유대를 만들고,
이 유대는 매출과 성장으로 이어진다.

요즘 소비자들은 천편일률적인 제품과
쏟아지는 광고에 지쳐 있다.
바로 이 지점에서 콘텐츠의 힘이 필요하다.
콘텐츠는 정보만 제공하지 않는다.
브랜드 가치와 메시지를 담아낸다.
그 메시지가 심금을 울릴 때 팬이 우후죽순 생겨난다.
그중에서도 영상 콘텐츠는 찐팬을 만들기에
가장 유력한 수단이다.

한 피아노 학원은 단순한 수업 공간이 아니라,
커피를 마시며 피아노를 즐길 수 있는 라운지를 마련해
커뮤니티를 형성했다.
학원은 이 경험을 영상으로 제작해 소셜미디어에 공유했고,
고객들의 자발적인 참여와 응원을 얻었다.
요즘 유행하는 케이팝을 피아노로 연주하는
챌린지 콘텐츠를 만들어서 바이럴 효과도 만들어냈다.

작은 회사가 장기적으로 성장하려면 팬을 모아야 한다.
여기서 팬을 넘어 팬덤까지 형성하면 게임의 양상이 달라진다.
팬과 팬덤의 차이는 명확하다.

팬은 단순히 제품을 좋아하는 소비자다.
이에 비해 팬덤은 브랜드의 일부가 되어 자발적으로
브랜드를 홍보하고 다른 사람들까지 끌어들인다.

이를 통해 마케팅 비용은 극적으로 줄어든다.
매번 새로운 고객을 유치하기 위해 마케팅 비용을 태운다면
비즈니스는 지속되기 어렵다.

찐팬을 만드는 다섯 가지 콘텐츠 전략

찐팬과 팬덤을 만들기 위해서는 콘텐츠에 단순히
제품의 기능만 강조해서는 안 된다.
다음 다섯 가지 원칙을 실천하라.

첫째, 스토리를 담아라

단순한 상품 설명이 아니라, 당신의 여정을 이야기하라.
왜 이 일을 시작했는지, 어떤 실패를 겪었고 어떻게 극복했는지,
어떤 철학으로 고객을 대하고 있는지 솔직하게 나눠라.
사람들은 진정성 있는 이야기에 감동하고,

그 여정을 진심으로 응원하고 싶어 한다.

일전에 글천개콘텐츠에서
열아홉 살에 정육점 아르바이트를 시작해
10년 넘게 성실하게 일한 끝에
자신의 가게를 연 사장님을 인터뷰한 적이 있다.
처음에는 그도 평범한 자영업자처럼 보였다.
하지만 그가 가진 고기에 대한 철학과 열정을 들으니,
그가 하는 모든 사업이 훨씬 입체적으로 느껴졌다.
자신의 이야기를 솔직 담백하게 공유하면 사람들은 팬이 된다.

둘째, 당신이 추구하는 가치를 사람들에게 전하라
'싸다', '좋다'는 누구나 할 수 있는 말이다.
당신은 고객에게 어떤 변화를 주고 싶은가?
어떤 철학과 태도를 콘텐츠에 담고 있는가?
당신이 추구하는 가치는 무엇인가?
고객의 삶에 긍정적인 변화를 줄 수 있는 메시지를 담아야 한다.

나도 단순히 마케팅이나 돈 버는 비법에 대한
영상만을 만들지 않는다.

성공과 실패, 그 모든 여정을 숨김없이 공유하며
내가 추구하는 가치를 영상에 담는다.
그 결과 나를 믿고 따르는 분들이 생겼다.
유익한 정보는 세상에 널렸다.
자신만의 철학과 가치를 공유하라.
그 가치에 공감한 사람은 제품이 아니라,
브랜드의 팬이 된다.

셋째, 꾸준함과 일관성을 가져라

팬은 단발성 콘텐츠로 만들어지지 않는다.
콘텐츠를 지속적으로, 일관되게 노출해야 한다.

벤저민 하디의 《퓨처 셀프》에 소개된
'단순노출효과' Mere Exposure Effect에 따르면,
사람들은 어떤 대상을 자주 접할수록 더 좋아하게 된다.
당신의 욕망은 대개 단순히 무언가에 노출된 결과다.
한 연구에서도 담배 광고에 자주 노출된 사람은
흡연을 별로 나쁘게 생각하지 않았다는 결과를 보여줬다.

반복적인 노출에는 힘이 있다.

그러므로 팬을 만들고 싶다면
자주, 일정하게, 익숙하게 등장하라.
노출의 총량이 팬덤의 크기를 결정한다.

넷째, 팬의 목소리에 귀 기울여라

단순히 피드백을 '듣는 것'만으로는 부족하다.
진심으로 반영하고, 변화로 보여줘야 한다.
이 과정에서 고객은 자신이 존중받고 있다는 느낌을 받으며
당신과 더 강하게 연결된다.

나는 유튜브에 콘텐츠를 올리고
사람들의 댓글에 시시각각 반응한다.
의견을 적극 청취하여 추후 더 나은 콘텐츠를 제작한다.
이렇게 몇 년간 노력했더니 이제는
평균치 이상의 퀄리티를 확보하게 되었다.
팬들의 반응을 가볍게 넘기지 마라.
팬들과의 상호작용은 브랜드의 탄탄한 기초다.

다섯째, 커뮤니티로 확장하라

팬이 생겼다면, 이제는 팬들이 서로 연결될

공간을 만들어야 한다.
커뮤니티는 팬들이 서로 교류하며
브랜드 가치를 더욱 공고히 하는 공간이다.
커뮤니티 운영의 성공적인 사례로
배달의민족의 '배짱이'를 들 수 있다.
이는 단순히 음식을 배달하는 앱이 아니라, 팬들이 함께 모여
창작을 즐기고 소통할 수 있는 장을 제공했다.
이 과정에서 배달의민족은 고객들과 강한 신뢰를 쌓았다.

성공의 열쇠는 당신의 팬들에게 있다.

팬과 커뮤니티는 자영업자가 지속 가능한 비즈니스를
만들기 위한 가장 강력한 무기다.
당신만의 특별한 가치를 팬들에게 전달하고
진정성 있는 관계를 쌓아가라.
영상 콘텐츠를 활용해 팬들과 끈끈히 연결되어라.
1,000명의 찐팬은 광고보다 강하고, 유행보다 오래간다.

제품을 브랜드로 만드는 포지셔닝의 기술

자영업자, 프리랜서, 중소기업 대표라면
이런 고민으로 밤낮을 지새웠을 것이다.
"어떻게 해야 내 제품이나 서비스가 팔릴까?"

얼마 전, 렌터카 사업을 하며 한 달 순수익이 2,000만 원에 달하는 부부가 글천개콘텐츠를 찾았다.
월 2,000만 원이나 번다는데 이 부부는 왜 나를 찾았을까?
이유는 간단했다. 더 벌고 싶다는 것이다.

나를 찾는 사람은 크게 네 가지 부류로 나눌 수 있다.

1. 일반인
2. 상인
3. 전문가
4. 멘토

이 부부는 전문가와 멘토의 경계에 있는 사람들이었다.
제품은 확고했고, 전환율도 높았다.
렌터카는 기본적으로 영업력에 의존하는 비즈니스다.
이 부부의 유일한 문제는 신규 유입이었다.
유입만 해결되면 순수익 2억 원도 가능해 보였다.

그렇다면 어떻게 유입을 끌어올 것인가?
사람들의 욕구를 자극해야 한다.
사람들의 욕구를 자극하려면?
나를 어떻게 표현하느냐가 중요하다.

일반인처럼 말할 것인가, 잡상인처럼 말할 것인가,
전문가처럼 말할 것인가, 아니면 멘토처럼 표현할 것인가.

멘토처럼 말하는 사람이 사람들의 마음을 움직인다.
내가 실제로 어떤 역량을 갖췄는지는 기본이고,
어떤 이미지로 비춰지느냐가 중요하다.

이것이 바로 '포지셔닝'이다.
똑같은 말이라도 '누가 하느냐'에 따라 전혀 다른 반응을 얻는다.

포지셔닝의 중요성을 다음 사례를 통해서 알아보자.
《어떻게 능력을 보여줄 것인가》에는 세계적인
바이올리니스트 조슈아 벨Joshua Bell 의 이야기가 나온다.
그는 시민들을 대상으로 한 '깜짝 실험'으로
일부러 남루한 복장을 하고 지하철에서 연주를 했다.

그런데 연주가 이어지는 43분 동안
조슈아 벨의 앞을 지나던 1,097명 중 바이올린 케이스에
연주비를 넣은 사람은 고작 27명이었다.
이들조차 연주를 거의 듣지 않고 돈을 넣자마자 자리를 떴다.
잠깐이라도 멈추어 서서 연주에 귀 기울인 사람은
겨우 일곱 명이었다.
심지어 세계 최고의 바이올리니스트가

가장 위대한 장인이 만든 명품 바이올린으로 연주를 하는데,
환호를 보내는 사람은 단 한 명도 없었다.

너무나 유명한 음악가도 낮게 포지셔닝되자,
하찮은 대우밖에 받지 못하게 된 것이다.
그래서 나는 사람들에게 전문가로
포지셔닝되어야 한다고 강조한다.
그래야 제값을 받기 때문이다.

떡상 콘텐츠를 만들기 위해 필요한 원칙,
'이·새·호·빠'를 기억하는가?
전문가로 포지셔닝하기 위해서도
이 네 가지 원칙을 지켜야 한다.

첫째, **이**득이 되는 내용
둘째, **새**로운 내용 혹은 생소한 내용
셋째, **호**기심을 자극하는 내용
넷째, **빠**른 해결책을 제시하는 내용

많은 사람이 이 원리를 간과하고 잡상인처럼 행동한다.

"오늘 할인율이 최고입니다!"라거나,
"우리 상품은 스펙이 더 뛰어납니다!" 같이 말하면
고객들에게 잡상인 취급을 받기 쉽다.

예를 들어 렌터카 사업을 한다고 해보자.
많은 사업자는 '쉐보레 차량 7일간 30퍼센트 할인!'
같은 가격 중심의 메시지만 사용한다.
이런 표현은 쉽게 눈에 띄겠지만,
당신을 '장사꾼'처럼 보이게 만들 위험이 있다.
그러면 신뢰와 전문성은 오히려 떨어져 보인다.

대신 이렇게 바꿔보자.
"왜 렌터카 시장에서 현대차는 잘 팔리고,
르노삼성이나 쉐보레는 덜 팔릴까요?"
"개인사업자가 리스 대신 장기렌트를 선택하면
어떤 점이 더 유리할까요?"

이처럼 고객의 관점을 바꿔주는 질문,
혹은 구체적인 상황별 팁을 주는 콘텐츠는
당신을 전문가나 멘토처럼 보이게 만든다.

전문가로 보이면 고객의 마음속에 이런 결론이 생긴다.
'어차피 살 거라면 저 사람한테 사야겠다.'

중요한 건 단순히 할인 정보를 던지는 게 아니라,
고객의 욕구를 자극하는 정보,
판단에 도움되는 콘텐츠를 주는 것이다.
이런 콘텐츠는 고객의 선택을 돕고,
자연스럽게 신뢰와 매출로 연결된다.

글천개콘텐츠에서 함께한 줄눈 시공 기술자는
'이·새·호·빠' 공식을 적용한 영상 콘텐츠로
틱톡에서 70만 조회수를 달성했고,
그 결과 유료 상담만 200건이 늘었으며,
고객이 집 앞까지 찾아오기도 했다.

영상만으로 '이 사람에게 배우고 싶다'는
욕구를 불러일으킨 것이다.
비결은 간단하다.
사람들을 주목시키고, 충분한 가치를 제공하는 것이다.

40대 여성이 줄눈시공으로 월 2,000만 원 번다고?
* 틱톡: 서종필 줄눈

고객의 구매 욕구를 자극하면
판매는 저절로 일어난다.
"멘토는 너무 많아요. 유튜브만 봐도 널리고 널렸는데요.
제가 그렇게 될 수 있을까요?"

이런 의구심이 드는가?
걱정하지 않아도 된다.
1분짜리 영상 세 개만 만들어보라.
국밥집을 운영하든,
탈모 샴푸를 만들든,
난방 필름을 시공하든,
딱 영상 세 개만 만들어라.

영상이 중요한 이유는 파급력 때문이다.
글은 특정 대상을 겨냥하지만,
영상은 내 분야에 관심이 없던 사람들까지
겨냥하기가 더 수월하다.

"통증이 있는데 이분에게 교정을 받고 싶다."
"이 사람의 이야기에 공감이 간다."

영상은 이런 반응을 끌어내는 마케팅 '치트키'다.

인스타그램에서 700만이 넘은 영상도 이렇게 가능했다.

영상에는 사람들을 끌어들이는 한마디가 필요하다.

예를 들어 "책만 읽었는데 어떻게 연봉이 10배가 되었을까?"

같은 표현이 주목을 끈다.

주목을 받으면 하루 10만, 40만, 100만 조회수는

시간 문제가 된다.

영감은 대단한 발상에서 오지 않는다.

해보지 않은 일을 매일 시도하는 과정에서 탄생한다.

65년 된 전통 된장을 만드는 가야마을 대표도

쇼츠 영상 몇 개로 유튜브 400만 조회수를 기록했다.

시도하지 않으면 절대 나오지 않았을 결과물이다.

쇼츠 몇 개만 만들어보면 충분히 감을 잡을 수 있다.

유입 문제가 해결되면 전환은 저절로 따라온다.

사업의 주도권을 쥐고 매출이 자동으로 상승하는

경험을 하게 될 것이다.

포지셔닝은 어려운 게 아니다.

어떻게 보이느냐가 전부다.
사람들을 주목시킬 콘텐츠를 고민하고,
진짜 도움이 되는 정보를 제공하며,
고객의 욕구를 자극해 매출로 연결하자.

700만 조회수를 폭발시킨 초간단 스토리텔링 공식

영상 한 편으로 인생 역전이 가능할까?

가능하다.

어느 날, 물리치료사이자 피트니스 트레이너로 활동하는 30대 오 선생이 글천개콘텐츠를 방문했다.
그는 전문성과 실력도 충분했지만, 문제가 딱 하나 있었다.
고객 유입이 되지 않는 것이었다.
본인을 효과적으로 알리는 데 어려움을 느끼고 있었다.

영상을 제작해야 하는지에 대한 확신도 부족했다.
하지만 나는 단언했다.
"단 한 편의 영상이 인생을 바꿀 수 있습니다."

실제 영상으로 유입의 '맛'을 본 사람은 내적 동기가 생겨
자발적으로 콘텐츠를 만들게 된다.
그러기 위해선 '무엇을' 만들지가 관건이다.

많은 사람이 콘텐츠 제작을 자기만족으로 시작한다.
자신이 좋아하는 먹방, 여행, 취미 콘텐츠를 만든다.
물론 틀린 접근은 아니다.
하지만 경쟁이 치열한 시대에 '내가 좋아서 만든
콘텐츠'만으로는 살아남기 어렵다.

나 또한 이 함정에 빠지지 않기 위해 꾸준히 고민했다.
어느 순간 사람들은 착각에 빠진다.
"내가 잘나서 사람들이 내 영상을 보는 거야."라는 자만이다.
그러면 그 순간부터 콘텐츠는 자기 위안일 뿐,
아무에게도 울림을 주지 못한다.

우선 내 글이나 영상을 볼 만한 사람들이 가진
문제점을 파악해야 한다.
내 글이나 영상은 누가 볼까?
유튜브에 내 주제와 비슷한 주제를 검색해보자.
댓글을 살펴보면 어떤 유형의 사람들이 해당 문제에
관심이 있는지 파악할 수 있다.
이들의 연령대, 성별, 공통된 관심사, 문제점 등을 분석하자.

물리치료 관련 영상은 누가 볼까?
나처럼 몸이 아픈 사람들이 볼 것이다.
나는 한때 유도와 헬스를 즐길 정도로 운동을 좋아했다.
하지만 부상을 크게 입고 20년째 방사통(통증이 다른 부위로
퍼지거나 전달되는 증상)에 시달리고 있다.
내가 실제로 통증에 시달리고 있기에,
이를 운동으로 관리하는 영상을 찍었다.
이 영상은 인스타그램에서 조회수 741만 회,
'좋아요' 4만 5,000개, 댓글 1,500개가 달렸다.
팔로어만 1만 명 이상 증가했다.

어떻게 이런 놀라운 성과를 낼 수 있었을까?

누구에게나 통하는 구조인 '문제와 해결책'을 갖췄기 때문이다.
우리 각자의 삶에는 누구도 대신할 수 없는 문제가 존재한다.
사람은 언제나 이를 해결하려는 욕망을 가지고 있다.
그 문제를 바늘로 콕콕 자극해야 한다.

'1분 만에 20년 된 디스크 통증 없앤 동작'

당시 내가 작성한 카피다.
언뜻 보기에는 평범해 보이지만
평범 속에 비범함이 숨겨져 있다.

대부분이 빠르게 이해할 수 있고,
해당 문제를 가진 사람이라면 즉각적으로 반응하는
문구이기 때문이다.
만약 이렇게 썼다면 어땠을까?

'추간판 장애로 유발된 통증 관리 방안에 대한 종합적 리뷰'

전문성은 느껴지지만,
많은 사람이 클릭하지는 않을 것이다.

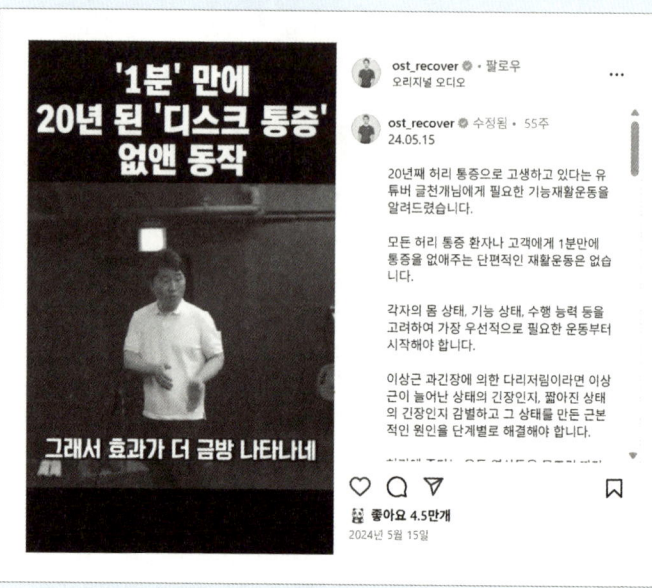

1분 만에 20년 된 디스크 통증 없앤 동작
* 인스타그램: ost_recover

영상이 스킵되는 소리가 들리지 않는가?

전문가일수록 '지식의 저주'에 빠지기 쉽다.
본인이 아는 개념을 누구나 알 거라고 착각한다.
그래서 어려운 전문용어와 개념어를 남발한다.
그러나 시청자들은 전문 용어가 넘쳐나는 콘텐츠보다,
쉽고 명확하게 문제를 해결해주는 콘텐츠에 반응한다.

심리학자 김경일 교수는 대중이 사랑하는 스타다.
그는 심리학을 대중이 이해할 수 있도록
설명하는 능력으로 사랑받는다.
진짜 고수는 이렇게 복잡한 내용을
쉽게 설명할 수 있는 사람이다.

연구 결과에 따르면,
현대인들은 하루 평균 193개 광고에 노출된다고 한다.
그만큼 피로도가 높다.
그래서 카피는 3초 안에 이해되어야 한다.

'1분 만에 20년 된 디스크 통증 없앤 동작'이라는 제목은

짧은 시간(1분)과 긴 시간(20년)의 대비를 주고,
'디스크'라는 구체적인 문제를 제시한 뒤,
'없앤 동작'이라는 해결책을 암시한다.

이러한 '문제+해결책' 구조는 언제나 강력하다.
다음 예시처럼 '문제+해결책' 구조로 문장을 만들어보자.

1. 염색 후 두피 건강을 위해 OO을 반드시 하세요
2. 이렇게 하면 허리 통증이 3초 만에 사라집니다
3. 흙수저 월급쟁이도 미국 영주권 따는 방법
4. AHDH 판정 받은 아이, 이것으로 바뀝니다

글을 쓰든 영상을 만들든 이 구조를 명심하자.
이것을 잊어버리는 순간, 시류에 휩쓸려서 챌린지나 하게 된다.
트래픽의 파도를 타는 게 나쁘다는 의미는 아니다.
필요하면 그런 노력도 쏟아야 한다.
그렇지만 궁극적으로 상품과 서비스를 판매하는 사람은
문제 해결사로 포지셔닝되어야 한다.
이를 반복해서 신뢰 자본을 축적해야 롱런할 수 있다.

그런데 사람들에게 '문제+해결책' 구조를 활용하라고 말하면 난색을 표하는 경우가 많다. 왜 그럴까?

첫째, 자신을 전문가라고 여기지 않는다.
둘째, 욕을 먹을까봐 두렵다.

물론 아직 당신은 공인된 전문가가 아닐 수 있다.
거창한 학위도 없을 수 있다.
당신이 생각하는 연 매출에 도달하지 못했을 수 있다.
하지만 당신이 올바른 방식으로 지식을 축적했다면,
타인의 문제를 풀 힘이 있다.
그것을 일목요연하게 알려주면 된다.

나는 우리 동네 사람들도 내가 누군지 모를 때,
전자책을 만드는 노하우를 영상으로 공개했다.
결과는 대박.
운이 좋게 90만이 넘는 조회수가 발생했다.
그전에 나는 실패에 실패를 거듭했고,
괄목할 만한 성공을 해본 적도 없다.
그러나 나는 한 분야에서 착실히 내공을 쌓았다.

그것을 아낌없이 풀었더니 결국 대중에게
존재감을 드러내기 시작했다.

나는 온라인에서 욕을 먹는 건
해가 동쪽에서 뜨는 것만큼 자연스러운 일이라고 생각한다.
예수나 부처도 욕하는 사람이 있는 세상에서
내가 뭐라고 나만 피해 가겠는가.
그래서 나는 직원들에게 항상 이렇게 이야기한다.

**"매일 욕을 먹지 않으면
마케터로서 제대로 일한 게 아니다."**

나라고 박한 평가가 달가울 리 없다.
하지만 비판받지 않는다는 건,
그만큼 과감하게 행동하지 않았다는 거다.
과감한 시도에는 언제나 비난이 따른다.
그랜트 카돈이 쓴 《10배의 법칙》의 핵심 내용은 다음과 같다.

행동 × 10배
문제 × 5배

비난 × 2배

성공 × 2배

영상을 만들어서 올린다는 건
나의 말과 행동이 평소보다 10배 이상 노출된다는 뜻이다.
행동이 10배 많아지면 새로운 문제가 폭발한다(5배).
보통, 행동 횟수에 비례해서 문제가 터진다.
문제가 그만큼 생기면 비난도 쏟아진다(2배).
그리고 성공의 크기는 예상외로 작다(2배).
그래서 진정한 의미에서 큰 성공을 하려면,
가공할 만큼의 행동을 해야 한다.

아무리 일을 완벽하게 해내도 비난을 면할 수 없다.
누군가는 당신이 뛰어나다는 이유만으로 맹비난을 퍼붓는다.
하루라도 일찍 그것에 익숙해져야 한다.

실제로 나를 찾아온 많은 고객이
처음에는 유입만 생기면 소원이 없겠다고 한다.
그러다 수십만 회 이상 노출되고,
부정적인 댓글이 한두 개 달리면,

그때부터 낯빛이 어두워진다.
오해와 비난은 하나도 없이
인정만 가득 받으려는 마음을
하루빨리 버려야 지속할 수 있다.

기억하자.
영향력이 돈이 되는 시대다.
돈이나 명예, 권력이 아닌,
사람의 마음을 사는 것에 집중하라.

결국에는 사람이 모든 것을 가지고 있다.
사람들의 문제를 해결해주는 영상을 만들어서
지속적으로 노출하자.
당신의 영향력은 날로 커질 것이다.

스마트폰 하나로
숏폼을 만들어라

자영업자들에게 영상 콘텐츠는 선택이 아닌 생존의 문제다. 그러나 길고 복잡한 롱폼Long-form 영상을 제작하는 것은 비효율적이다. 그 이유는 명확하다.

첫째, 사람들의 집중력이 점점 짧아지고 있다

긴 영상을 보려는 의지는 과거보다 훨씬 떨어진다. 유튜브 시청자들은 긴 영상을 끝까지 보지 않는다.

유튜브에는 '스튜디오'라는 기능이 있다.
여기서 클릭률, 평균 시청 지속 시간, 평균 조회율 등
수치를 확인할 수 있다.
이 데이터를 보면 조회율이 30퍼센트도 안 되는 영상이
부지기수다.
아무리 공들인 영상이라도, 고작 3분의 1만 소비된다는 뜻이다.
게다가 사람들은 재생 속도를 1.25배속 또는 2배속으로 보거나
중간에 꺼버린다.

둘째, 롱폼 영상은 제작 시간이 오래 걸린다

기획, 촬영, 편집, 업로드까지 한 편을 완성하는 데 들이는
시간과 비용은 자영업자에게 큰 부담이다.
전문가를 고용하지 않는 이상 혼자서 모든 과정을
소화하기란 어렵다.
그렇게 돈을 들였는데도 숏폼Short-form보다 유입이 적다.

셋째, 유튜브 알고리즘이 변화했다

유튜브 쇼츠, 틱톡, 인스타그램 릴스 등 숏폼 콘텐츠가 주류를
이루면서 롱폼 영상의 노출 기회가 상대적으로 줄어들었다.
짧고 임팩트 있는 콘텐츠가 조회수와 유입을 동시에 잡는다.

따라서 지금은 짧고 강력한

숏폼 콘텐츠에 집중해야 할 때다.

숏폼이 비용, 시간, 효율성 측면에서 탁월하기 때문이다.

글천개콘텐츠에서 터트린 영상도 대부분 숏폼 콘텐츠다.

숏폼으로 유입과 전환이라는 두 마리 토끼를 잡았다.

자영업자라면 숏폼이 답이다

숏폼은 길이가 짧은 형태의 콘텐츠를 뜻한다.

대표적으로 유튜브 쇼츠와 인스타그램 릴스, 틱톡이 있다.

이러한 숏폼 콘텐츠는 자영업자에게 최적화된 마케팅 도구다.

그 이유는 다음 두 가지 때문이다.

첫째, 제작이 쉬워서 빠르게 제작할 수 있다

스마트폰 하나로 기획부터 촬영, 편집, 업로드까지

단번에 해결할 수 있다.

브루Vrew, 캡컷CapCut 같은 무료 앱이나 프로그램을 사용하면

누구나 손쉽게 영상을 완성할 수 있다.

고가 장비나 전문가의 도움 없이도

충분히 퀄리티 있는 콘텐츠 제작이 가능하다.

롱폼 영상은 만드는 데 하루 이상 걸린다면,
숏폼은 몇 시간 만에 완성할 수 있다.
실제로 글천개콘텐츠에서 가장 실력이 좋은 직원은
한 시간에 세 개의 숏폼 콘텐츠를 제작한다.
물론 모든 게 준비되어 있다는 가정하에 말이다.
1분 이내의 짧은 영상은 기획과 편집에 공을 들여도
시간이 많이 걸리지 않아 부담이 적다.

둘째, 숏폼은 강력한 중독성과 전파력을 지녔다

특히 MZ세대는 숏폼 콘텐츠를 선호한다.
이들의 관심이 유행의 불씨가 되고, 빠르게 퍼져나간다.
유튜브 쇼츠와 인스타그램 릴스, 틱톡 같은 숏폼들은
매일 수십억 건의 조회수를 기록한다.
이는 실질적인 유입과 매출로 이어진다.

이처럼 숏폼은 제작이 쉽고 효과는 빠르며,
중독성과 확산력을 동시에 갖추고 있다.
자영업자가 고객에게 전하고 싶은 메시지를 담는 데

이보다 더 좋은 도구는 없다.

이때 장비와 영상미보다 중요한 건,
명확한 기획과 매력적인 메시지다.
나만의 기획과 콘셉트를 녹이면,
브랜드가 살아나고 고객의 기억에 남는다.

나만의 콘셉트를 담은 숏폼 콘텐츠 만드는 법

숏폼 콘텐츠를 효과적으로 제작하기 위해
다음 단계를 참고하라.

1. 명확한 주제를 정하라

내가 꾸준히 다룰 수 있는 주제를 정하라.
예를 들어 음식점 사장이라면 '줄 세우는 대박 가게 비법
세 가지' 같은 주제가 적합하다.
주제를 정했으면 유튜브나 틱톡에서 조회수 10만 이상인
숏폼 영상을 벤치마킹하라.

2. 3초 만에 눈길을 사로잡아라

숏폼의 성공 여부는 첫 3초에 달려 있다.
강렬한 이미지나 흥미로운 멘트를 통해
시청자의 눈길을 붙잡아야 한다.
예를 들어, '○○ 하나 바꿨더니 매출이 5배 상승'과 같은
문구를 활용하라.
첫 장면이 약하면 시청자는 1초도 망설이지 않고 스킵한다.

3. 스토리를 담아라

단순히 정보를 나열하지 말고 이야기를 전달하라.
자신의 실패와 성공 사례, 가게 비하인드 스토리 등을 넣으면
시청자와 감정적으로 연결될 수 있다.
채널 성장 과정의 이야기를 자연스럽게 녹이면
신뢰를 쌓기에도 좋다.

4. 가치를 제공하라

영상의 핵심은 시청자에게 이득을 주는 것이다.
정보, 재미, 해결책 등 어떤 형태로든
시청자가 영상을 보고 유익함을 느끼게 해야 한다.
이러한 영상이 쌓이면 '믿고 보는 채널'이라는 평이 따라붙는다.

5. 정기적으로 업로드하라

격일로 한 편씩 올리는 것을 목표로 하되,
한 번에 여러 개를 촬영하고 나눠 올리는 방법을 사용하라.
일주일에 두세 개의 영상을 꾸준히 올리면 충분하다.
중요한 건 주제와 스타일의 일관성을 유지하며,
채널의 브랜딩을 확립하는 것이다.

6. 구독자와 신뢰를 쌓아라

팔로워들과의 소통은 채널 성장의 핵심이다.
댓글에 답글을 달고, 구독자 요청 영상을 제작하며,
이벤트를 통해 쌍방향 소통을 하라.
이런 과정을 통해 구독자와 신뢰가 형성되고,
장기적인 관계를 유지할 수 있다.

7. 트렌드를 반영하라

구글 트렌드 등을 활용해서 현재 가장 인기 있는
주제를 파악하라.
트렌드에 맞는 키워드를 영상에 녹여내면
더 많은 조회수를 얻을 수 있다.
다만 채널의 주제와 무관한 트렌드는 피하자.

8. 숏폼 제작 툴을 활용하라

브루, 캡컷 등의 프로그램을 활용해서
간단하고 빠르게 영상을 제작하라.
편집 시 불필요한 부분은 과감히 제거하고,
애니메이션 효과나 자막을 추가해 영상의 집중도를 높여라.
영상 속도를 1.1~1.2배로 조정하면
시청 이탈을 줄여서 영상을 끝까지 보게 만들 수 있다.

9. 망설이지 말고 시작하라

완벽을 추구하기보다 완성하는 것을 목표로 삼아라.
당장은 부족하더라도, 실패를 통해 배우고 점차 발전시키자.
시작하지 않으면 아무것도 얻을 수 없다.

숏폼 콘텐츠는 간단하고 빠르게 제작할 수 있으며,
적은 비용으로 고효율을 얻을 수 있다.
지금 당장 스마트폰을 들고 채널을 개설하라.
꾸준히 영상을 올리며 구독자와 신뢰를 쌓아라.
숏폼 콘텐츠는 당신의 비즈니스를
빠르게 성장시키는 강력한 무기가 될 것이다.

5,000만 조회수, 시작은 한 편의 영상이었다

글천개콘텐츠는 불과 1년도 안 돼서 50개 이상 고객사를 확보했고, 누적 조회수 5,000만 회를 돌파했다. 우리와 협업한 고객사의 분야는 참으로 다양하다.

교구, 보험, 마케팅, 유치원, 커피 원두, 프러포즈, 이민변호사, 플라워, 여성의원, 곰팡이, 칫솔, 김치, 운동용품, 계절 솥밥, 심리치료, 커피, 경매, 여성 옷, 학원, 헬스, 도라지, 난방, 약선, 샴푸, 염색방, 진로 교육, 국밥, 두피케어,

암소국밥, 캠핑용품, 부동산 경매, 주얼리, 한의원,
치과, 막국수, 식품업체, 셀프 사진기, 한식집, 야키니쿠,
헬스케어, 환경용품, 줄눈 시공, 된장찌개 소스, 피부연구소,
힐링센터, 집수리, 골프 아카데미, 피부과, 제사 음식,
두피 문신, 인터넷 가입, 건설, 영어, 낚시, 심리상담,
빌딩 중개, 채권 추심, 경영 컨설팅….

이렇게나 다양한 분야 자영업자와 중소기업 대표들이
글천개콘텐츠를 통해 괄목할 성과를 냈다.
단순히 유입만 확보한 게 아니라
구매 전환까지 일으켰다는 점에서 자부심을 느낀다.

그러나 모든 클라이언트가 첫 영상부터
대박을 터뜨린 것은 아니었다.
첫술에 배부르면 좋겠지만 실상은 다르다.
아무리 탁월한 기획을 해도 첫 콘텐츠부터
성공하리라는 보장은 어디에도 없다.

다만 최선의 기획을 통해서 성공의 타율을 높일 뿐이다.
시행착오는 필수 불가결하다.

그래서 나는 항상 말한다.
"실험적인 마인드를 가져야 합니다.
피드백을 받아들이고, 계속 시도해야 합니다."

어찌 보면 인생은 거대한 실험장이다.
자신의 임시 논리를 세우고,
그것을 부단하게 실행하는 과정이다.

미국의 사상가 랠프 월도 에머슨은 말했다.
"너무 소심하고 까다롭게 자신의 행동을 고민하지 말라.
모든 인생은 실험이다. 실험은 많이 할수록 더 나아진다."

완벽한 시작에 집착하지 말고, 작은 실행을 반복하라.
영상을 제작하고 피드백을 받아 조금씩 개선해야 한다.
나 역시 4년 넘게 유튜브를 꾸준하게 하고 있지만
여전히 피드백을 적극적으로 수용한다.

지난 1년 동안 수많은 사람을 만나면서,
잘되는 사람과 안되는 사람의 차이점을 발견했다.
승승장구하는 클라이언트들에게는 한 가지 공통점이 있다.

피드백을 겸허히 수용한다는 점이다.
그들은 '맡겼으니 알아서 해달라'는 태도가 아니다.
책임감을 갖고 함께 기획을 완성해나간다.

반면, 실패하는 사람은 영상 몇 편에 인생 역전을 기대하고,
잘 안 되면 비난부터 시작한다.
이런 근시안적인 태도로는 성공을 지속할 수 없다.

세상에 처음부터 완성된 비즈니스는 없다.
모든 건 수정과 반복의 산물이다.

〈하버드비즈니스리뷰〉의 연구에 따르면,
어떤 기업은 15번, 또 다른 기업은 무려 34번
사업 모델을 수정한 끝에 성공했다.
한 창업자는 사업 모델을 무려 99번이나 바꾼 끝에
〈포브스〉'슈퍼리치' 명단에 올랐다.
이 모든 사례가 말해주는 것은 단 하나다.
실패와 피드백, 그것을 기반으로 한 반복 실행이 중요하다.

글천개콘텐츠와 함께한 학원 원장의 사례를 보자.

그는 전국에서 학원을 프랜차이즈로 운영하고 있었다.
초반에는 글천개 팀과 조율할 것이 많았다.
회의를 거듭하며 기획을 수정하고 또 수정했다.
간혹 삐걱거림도 있었지만, 합을 맞추고 나니
콘텐츠는 다양한 채널에서 동시다발적으로 터지기 시작했다.

인스타그램에 100만 조회수가 넘는 영상도 생겼다.
폭발적인 성과를 바탕으로 라이브 방송도 하고,
책 출간까지 계약하는 등 쾌거를 거뒀다.
유튜브에서는 단기간에 구독자 2,000명을 돌파하며
성공 스토리를 써 내려가고 있다.

또 다른 예로, 염색방 프랜차이즈 대표는
초반에는 큰 반응을 얻지 못했다.
하지만 피드백을 반영해
염색에 대한 전문성을 강조한 영상을
주기적으로 제작하고 업로드한 결과,
총 조회수 수백만 회를 기록했다.
이제는 지방에서도 창업 문의가 올 정도로
성과를 거두었다.

학원왕 박준태

@iroom-academy · 구독자 3.1만명 · 동영상 105개

아직도 부모님 세대의 공부 방법을 자녀에게 그대로 강요 하시나요? ...더보기

blog.naver.com/iroom-academy 외 링크 2개

구독

홈 동영상 Shorts 라이브 재생목록 게시물

힘들어도 공부를 무조건 열심히 해야 하는 이유

조회수 7,420회 · 2개월 전

아직도 부모님 세대의 공부 방법을 자녀에게 그대로 강요 하시나요? 어떤 게 아이들에게 최선이고 어떤 게 좋은 선생님인지, 그 기준을 명확히 알려 드리겠습니다.

0:00 프리뷰
0:35 힘들지만 공부를 무조건 해야 하는 이유
5:24 공부가 나중에 사회생활할 때 필요할까?...

자세히 알아보기

* 유튜브: 학원왕 박준태

hyggepallet hyggepallet(휘게팔레트)

팔로우 메시지 → ...

9 팔로잉   11.5K 팔로워   88.4K 좋아요

기술,경력,나이 무관 7일간 염색교육으로 미용실오픈가능
📞 01038154489
🔗 https://www.hyggepallet.com/

 동영상   좋아요

플레이리스트

샴푸 · 게시물 8개

올림머리 · 게시물 13개

동영상

▷ 7519

▷ 143.8K

▷ 62.4K

▷ 1239

* 틱톡: 휘게팔레트

지금 당장 반응이 미적지근하다고 실패로 간주하지 마라.

한 방에 잘되는 건 신화에 가깝다.

찰스 다윈은 이렇게 말했다.

"가장 강하거나 똑똑한 개체가 생존하는 것이 아니다.
변화에 가장 잘 적응한 개체가 생존한다."

이를 비즈니스에 접목하자면

똑똑한 사람이 잘되는 게 아니라,

유연한 사람이 성공한다는 의미일 것이다.

우리는 변화와 피드백을 수용하고,

이를 바탕으로 끊임없이 개선해야 한다.

사람은 실수를 통해서 성장한다.

세계적인 리더십 코치 존 맥스웰 John Maxwell 은

실수가 가장 크게 배우는 기회이고,

더 큰 문제는 '아무것도 하지 않는 것'이라고 강조한다.

우리는 유치원 때부터 실수는 나쁜 것이라고 배웠다.

"실수하지 마!"라는 말을 얼마나 자주 들었는가.

그러나 우리는 살면서 정확히 실수를 통해 배운다.
실수는 단순히 '몰랐던 것'을 알려주는 경험이다.

《내 삶이 콘텐츠가 되는 순간》에서는 이렇게 말한다.
사람들은 뭔가 준비가 되어야 시작할 수 있다고
생각하는 경향이 있다.
물론 면밀한 준비가 필요한 분야도 있다.
예를 들어 에베레스트를 등정하는데 편의점에 음료수 사러 가는
것처럼 나설 수는 없다.
하지만 콘텐츠는 다르다. '지금 여기'에서 시작할 수 있다.
콘텐츠를 만들 수 있는 자격이 있는 사람이 따로 있지도 않다.
스스로 자격을 부여하면 된다.

미국 컬럼비아 대학 교육대학원에서 발표한 연구 자료에 따르면,
21세기에 성공하기 위해 가장 중요한 자질은 변화에 유연하게
대처하는 능력이라고 한다.
피드백을 두려워하지 말고 그 안에서 기회를 모색하라.
당신의 콘텐츠가 처음부터 완벽할 필요는 없다.
중요한 것은 실행하고, 피드백을 통해 성장해나가는 과정이다.
자신만의 콘텐츠를 만들고 끊임없이 개선한다면

당신도 충분히 성공할 수 있다.

지금 바로 시작하라.
그리고 지속하라.
오늘 당장 1분짜리 영상을 찍어보자.
완벽하지 않아도 괜찮다.
성공의 첫걸음을 내딛자.
그 과정에서 당신의 콘텐츠는 점점 더
많은 사람의 마음을 사로잡을 것이다.
5,000만 조회수도 시작은 한 편의 영상에 불과했다.

한 번 만든 콘텐츠로
3배의 가치를 누려라

마케팅에는 '원소스멀티유즈' One Source Multi Use, OSMU 라는
전략이 있다.
하나의 콘텐츠(원소스)를 다양한 플랫폼에 업로드해서
최대한 많은 사람에게 노출하는 방식이다.
이 전략은 주로 웹툰, 게임, 드라마, 영화 분야에
활발히 활용되어왔다.

자영업자들이 영상 콘텐츠를 만들 때도

이 전략을 반드시 적용해야 한다.

우선 원소스멀티유즈의 성공 사례를 살펴보자.

첫째, 〈김비서가 왜 그럴까〉

이 작품은 정경윤 작가의 인기 웹소설을 원작으로 한

웹툰과 드라마다.

2018년에 방영된 드라마는 박서준과 박민영이 주연을 맡아

큰 인기를 끌었다.

드라마의 흥행으로 원작 웹소설과 웹툰의 판매량이 급증했다.

둘째, 〈나 혼자만 레벨업〉

나 혼자만 레벨업은 네이버웹툰에서 연재되었으며, 영어,

일본어, 중국어 등으로 번역되어 전 세계 독자층을 확보했다.

국내외 누적 조회수 수십억 뷰, 독자 평점 최상위권을 유지하며

폭발적인 인기를 누렸다.

인기에 힘입어 '나 혼자만 레벨업: 어라이즈'라는

게임으로도 출시되었다.

원작 웹툰 IP를 기반으로 제작된 액션 RPG 게임으로, 출시 직후

글로벌 78개국 애플 앱스토어 인기 1위 및 매출 1위를 기록했다.

셋째, 〈신과 함께〉

주호민 작가의 인기 웹툰 〈신과 함께〉는
영화로 제작되었다.
이어진 〈신과 함께: 죄와 벌〉, 〈신과 함께: 인과 연〉
두 편도 모두 1,000만 관객을 돌파하며 대흥행에 성공했다.

이렇듯 원소스멀티유즈는 하나의 콘텐츠로
최대 효과를 보는 전략이다.
원소스멀티유즈는 작은 규모로도 시작할 수 있다.
글 천 개 콘텐츠가 50개 고객사 5,000만 조회수를
기록하게 된 것도 원소스멀티유즈의 역할이 크다.

예를 들어 나는 유튜브에 영상을 올리면
카페에 해당 링크를 추가한 글 한 편을 작성한다.
그리고 네이버 카페 쪽지 기능을 활용해
회원들에게 영상을 배포한다.
또 숏폼을 제작해서 유튜브, 틱톡, 인스타에 올린다.

이런 소소한 노력이 쌓여서 영상이 더 많은 사람에게 노출된다.
그렇기에 자영업자들도 원소스멀티유즈 전략을

영상 콘텐츠 제작에 적용하길 바란다.

**예를 들어 1분짜리 쇼츠 영상을 한 편 제작한 뒤 유튜브 쇼츠,
인스타그램 릴스, 틱톡에 동시에 업로드하자.**

이렇게 하면 영상 하나로 최소 세 번의 노출 기회를 얻게 된다.
이 방식은 시간과 비용을 절약하면서 고객 유입을 극대화한다.
혹자는 유튜브, 인스타, 틱톡을 보는 시청자가 다르기 때문에,
맞춤형 콘텐츠를 제작해야 한다고 말한다.
그 말도 일리는 있다. 하지만 자영업자들은 바쁘다.
영상을 기획하고 촬영하고 편집하는 데 이미 진이 빠진다.

문제+해결책 구조를 갖춘 영상이라면 어디에 올려도 무방하다.

그리고 어떤 콘텐츠가 어느 채널에서 터질지는
아무도 100퍼센트 예측할 수 없다.
플랫폼마다 잘 터지는 영상의 유형은 분명히 존재한다.
이를 정확히 예측하려고 낑낑대기보다,
콘텐츠의 질을 높이는 데 집중하고,
꾸준히 시도해야 한다.

실제로 글천개콘텐츠와 협업한 마케팅 회사 대표는
80개 쇼츠를 만들었고, 이를 원소스멀티유즈를 위해서
다양한 채널에 올렸다.
특히 틱톡에서 반응이 좋았고,
조회수 10만 이상 되는 콘텐츠 세 개가 탄생했다.
이를 통해 유입의 활로가 생겼다.
다음은 실제로 사용된 콘텐츠 제목들이다.

- 잘나가던 매장이 어느 날 갑자기 망하는 이유

- 동네 장사 특급 노하우

- 100배 떡상하는 콘텐츠는 이렇게 만듭니다

- 20대에 1억 5천 빚졌더니 달라진 것

- 2025 가장 유행하는 마케팅 트렌드

- 가게 홍보는 이것부터 하셔야 합니다

- 매출이 바닥칠 때 마주친 비참한 현실

- 뭐라구요? 권리금 얼마라구요?

- 돈벌고 싶은 자영업자는 무조건 ㅍㄹㅇㅅ 하세요

콘텐츠는 자산이다.
한 번 만든 영상이 여러 플랫폼에서 생명을 얻는다.

플랫폼마다 다르게 반응하고, 새로운 고객을 데려온다.
지금 만든 그 영상 하나, 그냥 두지 말고 퍼뜨려라.
그것이 당신의 브랜드를 확장하는 가장 쉬운 첫걸음이다.

복리처럼 쌓이는
콘텐츠의 힘

유튜브에서 본 이야기 하나가 마음에 오래 남았다.
어느 황무지에 나무가 한 그루도 없던 시절,
한 양치기가 도토리를 자루에 담고
그중 좋은 것만 골라서 심기 시작했다.
그는 3년 동안 무려 10만 개의 도토리를 심었다.

그중 2만 개만 싹을 틔웠고,
그마저도 절반은 쥐가 갉아먹거나 바람에 꺾였다.

겨우 1만 그루 정도만 나무로 자랐다.
성공률은 고작 10퍼센트였다.
그러나 양치기는 기죽지 않았다.
10퍼센트라도 성공했다면 계속 심으면 된다고 믿었다.

그렇게 오랜 시간이 흘렀다.
황무지는 울창한 숲으로 바뀌었고,
떠나간 마을 사람들도 돌아왔으며,
시냇물도 흐르기 시작했다.

이 양치기는 매일의 작은 행동이
언젠가 큰 변화를 만든다고 믿었다.
성공률이 10퍼센트일지라도 꾸준히 행동한다면
미래에는 모든 것이 달라질 것이라고 상상했다.

그럼 양치기는 하루 종일 고통스럽게 나무를 심었을까? 아니다.
그는 양을 치는 틈틈이, 두세 시간 정도만
도토리를 고르고 심었을 뿐이다.
하지만 매일 꾸준히 반복한 결과가 울창한 숲을 만들었다.

나도 2020년 처음으로 유튜브를 시작했을 때
하루 종일 영상만 만든 건 아니었다.
일을 하면서 틈틈이 기획하고 촬영하고 편집했다.
5년 가까이 씨앗을 뿌린 끝에, 지금은 서초동 사옥에서
종합 마케팅 회사를 운영하고 있다.

나 역시 처음에는 영상을 찍을까, 말까 수없이 고민했다.
하지만 나는 '복리의 힘'을 믿었다.
오늘 뿌린 씨앗이 언젠가 울창한 숲이 되리라 기대했다.

복리란 금융 용어로, 원금뿐 아니라 이자와 수익까지 재투자해
자산을 기하급수적으로 불리는 개념이다.
워런 버핏을 전 세계 갑부로 만든 핵심이 바로 이 복리다.
그는 10대에 투자를 시작해서
60대 이후에 번 돈이 전체 재산의 80퍼센트에 달한다.
이처럼 복리는 시간이 지날수록 폭발적인 성과를 만들어낸다.

아인슈타인은 복리를 두고 '세계 8대 불가사의' 중
하나라고 말했다.
예를 들어 설명해보겠다.

이론상이지만, 0.2밀리미터 두께의 얇은 신문지를 50번 접으면
그 두께가 약 1억 5,000만 킬로미터에 이르는데,
이는 지구에서 태양까지 닿을 만한 거리라고 한다.
아주 작은 수치의 반복이 만든 놀라운 결과,
이것이 바로 복리의 힘이다.

복리는 시간과의 싸움이다.
누구보다 먼저 시작하고 꾸준하게 버티면 된다.
우리가 하는 대부분의 일에는 누적의 힘이 작용한다.
글과 영상에도 하루 두 시간 정도 꾸준히 투자하면,
미래에 엄청난 복리효과를 불러일으킬 수 있다.

멈추지만 않으면 복리의 마법이
당신을 목적지로 인도할 것이다.

내가 글과 영상을 누누이 강조하는 이유가 여기에 있다.
이는 복리의 힘을 가장 잘 발휘할 수 있는 영역이기 때문이다.

누구나 노력이란 걸 하지만 어떤 노력은 뭉쳐지지 않는다.
아무리 시도해도 에너지가 흩어진다.

일정한 힘을 만들지 못하고 사라진다.

요즘 MZ세대는 직장을 빈번하게 옮긴다.
그게 딱히 문제가 되지는 않지만,
본인의 전문성을 기르기에는 아쉬울 수 있다.
패스트푸드점에서 알바를 6개월 했다가,
마케팅 회사 6개월을 다녔다가….
이런 식으로 짧은 경력만 서너 번이 되면
특정 영역에서 전문성을 기르기는커녕
시간이 흘러도 제자리만 맴돌 수 있다.

나는 글을 수천 개 썼다.
영상도 수백 개를 만들었다.
자영업자들의 유입 문제를 해결하는 데
5년 가까이 집중했다.
그간의 힘이 응축되어서 지금은 많은 사람이 알아봐주는
수준까지 올라왔다.
꾸준하지 않았으면 존재하지 않았을 결과다.
이런 누적의 힘, 복리의 힘을 누리기 위해서는
하루라도 빨리 시작하는 게 관건이다.

혹자는 이렇게 말한다.
준비가 안 되었는데 어떻게 하냐고.
그러면 작게 출발하면 된다.
쇼츠 한 편 정도는 누구나 만들 수 있다.
편집 툴을 배우는 것 정도는 언제라도 가능하다.
사진을 찍는 건 지금도 할 수 있다.

만약 당신이 만든 콘텐츠가 있다면
내 유튜브에 주소를 남겨달라.
그러면 응원의 대댓글을 남겨주겠다.

많은 사람이 제대로 준비해서
거창한 콘텐츠를 만들겠다는 생각은 하지만,
정작 시작을 안 한다.
일단 시작하면 무언가 결과가 나왔을 시간에
망설이면서 아무런 행동도 하지 않는다.
그래서 나는 영상을 통해 사람들의 등을
슬쩍슬쩍 밀어주는 역할을 하고 있다.
제발 하나라도 '시작' 하기를 바라는
간절한 마음에서 말이다.

《5초의 법칙》의 저자 멜 로빈스는 "5, 4, 3, 2, 1"이라고
외친 다음 마음먹은 일을 바로 시작한다고 한다.
당신도 지금부터 5초를 세고,
하기로 마음먹은 일을 시작해보자.
아주 작은 일이라도 좋다.
그 작은 씨앗이, 내일의 울창한 숲이 될 수 있다.
당신이 만든 하나의 콘텐츠가
3배, 5배, 10배의 가치를 낼 수 있다.

잘 만든 브랜드가 몸값을 2배로 올린다

많은 자영업자와 중소기업 대표들이 하나같이 겪는 고민이 있다.

브랜딩이 약하고, 매출이 정체되어 있다는 것이다.

나 또한 같은 문제를 겪었고 10년간 치열하게 고민했다.

전문성은 있었으나 마케팅은 몰랐다.

연 매출 10억 원을 목표로 했지만,

구체적인 전략이 없었다.

이런 상황에서 내가 찾은 전환점은 '브랜딩'이었다.

브랜딩은 로고나 슬로건이 아니다.
사람들이 브랜드를 어떻게 기억하는가,
그 인식 자체가 브랜딩이다.
내가 운영하는 글천개콘텐츠는 자영업자, 소상공인, 중소기업,
일반 기업들의 브랜딩을 돕는다.
그 과정에서 우리 매출도 10배 넘게 성장했다.
이 모든 성과는 '브랜딩을 어떻게 정의하고 실행하는가'에서
비롯되었다.

브랜딩은 시간이 걸리지만 효과가 나타나기 시작하면
마케팅이 훨씬 수월해지고, 매출이 상승한다.
이는 우리 고객들의 사례에서도 수없이 확인할 수 있다.
한 고객의 브랜딩 영상을 제작했을 때,
조회수가 1만 회만 나와도
매출이 최소 5배에서 10배까지 증가했다.
국밥집, 레깅스 브랜드, 캠핑용품 제조사, 변호사 사무소,
제조업체 등 다양한 고객이 브랜딩을 통해 사업을 성장시켰다.

브랜딩이 강화되면 매출이 늘어나면서 사업 구조가 안정되고,
장기적인 성장 기반이 마련된다.

반면 브랜딩이 없으면 마케팅 활동도 약화된다.
블로그, 인스타그램, 유튜브를 아무리 해도
매출로 이어지지 않는 이유는 사람들이 그 브랜드를 모르거나
부정적 인식을 가졌기 때문이다.
예를 들어, 시골 식당이 허름하고 외관이 낡으면
보통 손님들이 찾지 않는다.
그러나 '50년 된 청국장 맛집'이라는 입소문을 타면
상황이 달라진다.
사람들은 그곳을 믿고 방문하기 시작한다.
'같은 상품, 다른 인식.' 이것이 브랜딩의 힘이다.

매출로 이어지는 브랜딩 전략

매출로 연결되는 브랜드를 만들고 싶다면
세 단계 전략을 따라보자.

첫 번째 단계: 브랜드를 알려라

브랜딩의 첫 단계는 브랜드를 알리는 것이다.
아무도 모르는 브랜드는 세상에 없는 것이나 다름없다.

두 번째 단계: 신뢰와 호감을 형성하라

두 번째 단계는 브랜드에 긍정적인 인식을 심는 것이다.

사람들은 기능이나 품질 혹은 가격만으로 구매하지 않는다.

'익숙하고, 믿을 수 있는 브랜드'에 반응한다.

따라서 브랜드에 대한 신뢰와 호감을 구축해야

마케팅이 효과를 발휘할 수 있다.

브랜딩은 단순히 매출을 올리기 위한 도구가 아니다.

이는 사람들이 특정 브랜드를 신뢰하고

선택하게 만드는 핵심 요소다.

세 번째 단계: 사람들의 선택을 이끌어내라

브랜딩이 구축되면 마케팅은 자연스럽게 효과를 낸다.

매출 증가뿐 아니라 브랜드의 지속 가능한 성장을 이루게 된다.

사업에서 중요한 것은 제품이나 서비스 자체가 아니다.

중요한 것은 사람들이 왜 그것을 구매하는지 이해하는 것이다.

사람들은 자신의 문제를 해결하거나

욕구를 충족시키기 위해 돈을 쓴다.

사람들의 행동을 유발하는 다섯 가지 기본적인 욕구가 있다.

1. 주도적인 삶을 살고 싶은 욕구
2. 성취를 통해 자신을 증명하고 싶은 욕구
3. 안전하고 안정된 삶을 원하는 욕구
4. 더 나은 관계를 형성하고 싶은 욕구
5. 쾌락을 추구하고 싶은 욕구

이 기본적인 욕구를 기반으로 브랜드와 마케팅 전략을 설계하면
매출은 자연스럽게 증가한다.
반복적으로 기능이나 가격을 강조하는 1차원적인 마케팅은
더 이상 효과적이지 않다.
대신 사람들의 욕구를 충족시킬 수 있는
스토리와 가치를 전달해야 한다.

브랜드의 가치를 알리고,
고객의 문제를 해결하는 것이 중요하다.
브랜드는 한순간에 만들어지지 않지만,
전략적 실행을 통해 긍정적인 인식을 형성하고
고객들에게 사랑받을 수 있다.
이를 통해 매출 상승뿐 아니라
지속 가능한 사업 성장이 가능해진다.

고객 유입이 없어 매출이 정체된 고객사들도
브랜딩 전략을 적용한 후 상황이 많이 개선되었다.
예를 들어, 한 제조업체는 단순한 조회수 증가만으로도
매출이 2~5배 증가했다.

브랜딩을 할 때 주의할 점이 있다.
완성형 브랜드와 경쟁하지 않는 것이다.
많은 사람이 '업계 1등을 어떻게 넘어서겠는가?'라는 생각에
도전조차 하지 않는다.

애초에 1등을 이기려 들지 말자.
기존 시장과 1등의 자리를 인정하고,
틈새를 찾아 공략하라.

예를 들어, 이미 수많은 라면 레시피가 개발되어 있지만,
거기에 나만의 재료를 넣거나 변형할 수 있다.
이처럼 기존 시장에 독창성을 1그램 더할 수 있다.
이렇게 하면 새로운 시장을 창출하고,
기존 고객에게 신선함을 줄 수 있다.
시장의 룰을 억지로 깨는 게 아니라,

룰을 활용하여 자신만의 영역을 구축하는 것이다.

《무조건 팔리는 스토리 마케팅 기술 100》에 나온
사례를 보자.

일본 가나가와현 연안의 공업지대.
과거엔 공해의 상징이던 이곳은
어느 날 '공장 야경' 명소가 되었다.
공장의 기능적 아름다움, SF영화 같은 느낌이 마니아를
자극했고, 결국 '공장 야경 크루즈', '버스 투어',
'공장 야경 서밋'까지 생겼다.
비슷한 다른 도시들도 영감을 받아
'전국 12대 공장 야경 도시'라고 같이 홍보했다.
관광지로는 아무도 주목하지 않던 도시가
하나의 브랜드로 탈바꿈한 사례다.

브랜딩은 사람들이 당신이나 당신의 상품을 대하는 인식이다.
그 인식을 어떻게 설계하고, 전달하고, 쌓아가는지가
비즈니스의 성패를 가른다.

지금 당신의 브랜드는 어떤 인식을 만들고 있는가?
고객이 당신을 믿고 선택할 이유가 있는가?

지금 이 질문에 솔직하게 답해보라.
그리고 오늘부터 당신만의 브랜딩 전략을 설계하라.
몸값이 달라지는 가장 빠른 길은 브랜딩이다.

비례성 원칙을 이해하면 악플에 무너지지 않는다

"글천개님, 어떻게 하면 부정적인 댓글이 안 달릴까요?"
처음에는 조회수가 1만 회만 되면 좋겠다고 하던
사람들이 10만, 100만을 찍고 나서 내뱉는 하소연이다.

유튜브 세상에는 '비례성의 원칙'이 있다.
콘텐츠가 대중의 관심을 받기 시작하면 칭찬과 함께
비난도 받게 된다.
조회수가 오르고 구독자가 늘어날수록

악플도 비례해서 늘어난다.

이는 정도의 차이만 있을 뿐 누구에게나 적용된다.

악플을 다는 사람들의 심리

악플은 처음에는 작은 돌멩이에 불과하지만,
점차 인신공격과 허위 사실 유포로 이어질 수 있다.
따라서 이에 건강한 방식으로 대처해야 한다.
악플을 없앨 수는 없지만, 그 심리를 이해하면
내 멘탈이 무너지지 않을 수 있다.

악플은 단순한 의견이 아니라,
대부분 비뚤어진 심리의 투영이다.

첫째, 열등감 해소

잘나가는 사람에게 질투심을 느끼는 심리다.
그래서 약점을 잡아 집요하게 공격하며,
스스로 우월하다는 착각에 빠진다.

둘째, 익명성이라는 보호막

온라인의 익명성은 악플러가 책임감 없이
타인을 공격하도록 만든다.
직접 얼굴을 마주하면 할 수 없는 말을
인터넷에서는 쉽게 내뱉는다.
책임감을 느끼지 않고 다른 사람을 무너뜨리는 것을 즐긴다.

셋째, 집단 심리

다른 사람들이 비난하거나 조롱하는 분위기가 있으면
거기에 편승한다.
왜 욕하는지도 모르면서, 욕부터 하고 보는 경우도 많다.

넷째, 관심 욕구

댓글로 반응을 얻고, 논쟁이 생기면 쾌감을 느낀다.
인터넷에서 일부러 시비조로 말하고,
타인과 말다툼을 일으키는 데 취해 있다.
그렇게 자신의 영향력을 실감하고 싶은 욕구를 채운다.
안타깝게도 싸구려 관심에 취해 있는 사람들이 있다.

사람들이 악플에 취약한 이유는

평소 그만큼 많은 욕을 집중적으로 먹을 일이 없기 때문이다.
그러다 갑자기 온라인 세상에 홀로 노출되고
악플의 직격탄을 맞으니 혼란을 겪는다.
진실은, 악플을 다는 사람은 소수라는 것이다.
하지만 심리적으로 한 개의 악플이 마치
1,000개 이상의 공격처럼 느껴진다.
우리 뇌는 욕을 먹을 때 실제로 그 정도의 고통을 느낀다.

악플에 흔들리지 않는 법

어차피 악플을 피할 수 없다면
'어떻게 받아들이고 대응하느냐'가 중요하다.
나 역시 4년 넘게 유튜브 활동을 하면서
크고 작은 악플을 경험했다.
내가 터득한 다섯 가지 극복 노하우를 알려드리겠다.

첫째, 모든 의견을 똑같이 존중할 필요는 없다
나를 알지도 못하는 사람이 악의적으로 던진 말은
소중하지 않다.

무책임하게 내뱉은 말은 내 성장에 아무 도움이 되지 않는다.
무의미한 비판에 신경 쓰기보다
진심 어린 조언과 격려에만 귀 기울이자.
기계적으로 모든 의견을 받아들일 필요는 없다.
진심 어린 조언만 수용하고, 나머지는 흘려보내라.

둘째, 무시하고 차단하라
SNS에는 댓글 차단 기능이 있다.
악플러의 댓글을 읽지 않고 바로 차단하거나 숨기면,
더 이상 그 사람이 남긴 댓글을 보지 않아도 된다.
인신공격성 글을 삭제하는 것은 정신 승리가 아니라
자신을 보호하는 매우 효과적인 방어다.
악플에 휘둘려서 지속적인 창작 활동을 하지 못하는 것은
누구에게도 도움이 되지 않는다.

셋째, 비판과 악플을 구분하자
건설적인 비판과 악의적인 댓글은 명백히 다르다.
콘텐츠 개선을 위한 의견은 수용하고,
맹목적인 비난은 흘려듣자.
예를 들어, "영상 소리가 너무 작아요." 같은 댓글은

얼마든지 수용할 수 있다.
하지만 "뚱뚱해요, 못생겼어요." 같은 인신공격성 댓글은
지워도 무방하다.

넷째, 감정적으로 대응하지 마라
악플에 발끈해서 대댓글을 다는 사람이 있다.
내 고객사 한 명은 자신을 변호한다고 인터넷에서
감정적으로 대응했다가 화를 키운 적이 있다.
악플러들은 정확히 당신을 열받게 만들기 위해
그 글을 쓰는 것이다.
댓글로 싸우는 것은 당신의 수준마저 떨어뜨린다.

다섯째, 악플은 지나가고 콘텐츠는 남는다
나는 대한민국 모든 자영업자에게 반드시 필요한
정보를 준다는 자신감이 있다.
콘텐츠 한 편 제작하기 위해 수많은 논문과 책을 찾아본다.
심혈을 기울여 콘텐츠를 만들므로
내면 깊은 곳에서 자신감이 올라온다.
이 확신이 사소한 부정적 댓글을 이기게 만든다.

그러니, '무소의 뿔처럼 혼자서 가라'.

악플은 콘텐츠 제작자라면 누구나 겪는다.
보상을 얻으려면, 당연히 지불해야 하는 대가다.
여기에 에누리는 없다.
악플이란 외풍에 휘둘리지 않고,
양질의 콘텐츠를 계속 만드는 자세가 필요하다.

영상 콘텐츠를 꾸준히 제작한 한 유튜버는 이렇게 말했다.
"구독자가 1,000명일 때는 칭찬 일색이었다.
그런데 10만 명이 되니 악플이 눈에 띄게 증가했다.
하지만 그것은 내가 성장했다는 증거였다."
비례성의 원칙에서 봐도, 악플은 내가 성장하고 있다는 증거다.

악플은 결코 사라지지 않는다.
하지만 내가 내적, 외적으로 성장하면
악플이 나에게 미치는 영향도 자연히 줄어든다.
실제로 영상 콘텐츠를 꾸준히 만들어나가는 과정에서
많은 부분이 저절로 해소될 것이다.

빚이 4억, 알코올 중독 백수를 일으켜 세운 어머니의 한마디

글천개
마인드
4

지금은 이렇게 책까지 쓰고 있지만 나는 한때 빚을 4억 원이나 진 히키코모리에 알코올 의존증 환자였다. 아마 과거의 나처럼 힘든 상황에 처한 사람이 지금도 많이 있을 것이다. 그들이 다시 희망을 찾고 성공하기를 바라는 마음에 내 이야기를 꺼내본다.

나는 멀쩡히 다니던 대기업을 박차고 나왔다. 사업한다고 허파에 바람이 잔뜩 들어갔다. 그렇게 오두방정 떨다가 실패했다. 책임지고 일어나야 하는데 무책임하게 좌절했다. 또 나는 세상 물정을 몰랐다. 무참히 사기를 당했다.

나는 말 그대로 '폭망'했었다. 재기 불능 상태였다. 직장인은 대형 사고만 치지 않으면 그럭저럭 월급으로 인생을 설계할 수 있다. 반면에 사업하는 사람은 잘못된 의사결정 한 번만으로도 '나락행' 급행열차에 탄다. 사업하다가 힘들어지면 있는 돈, 없는 돈을 전부

때려 넣기 때문이다.

나는 한 번도 아니고, 여러 번의 사업 실패로 4억 5,000만 원이라는 큰돈을 까먹고 인맥도 전부 잃었다. 해서는 안 될 안 좋은 생각까지 했다.

각종 허드렛일을 하면서 4년 넘게 길에 구르는 쓰레기처럼 살았다. 내가 하던 일이 쓰레기 같았다는 게 아니다. 아무 생각 없이 사는 사람이 되어버렸기 때문에 쓰레기라고 표현한 것이다.

나는 멘탈이 매우 약했다. 역경에 스치기만 해도 무너졌다. 생긴 건 소도 잡겠다 싶겠지만, 내면은 손대면 톡 하고 터질 듯이 여렸다 (다행히 지금은 산전수전, 공중전 모두 겪고 강해졌다).

호랑이한테 물려가도 정신만 바짝 차리면 된다고 했지만, 나는 '실패'라는 호랑이가 나타나자 바로 항복했다. 그냥 나를 삼켜달라고 체념해버렸다. 정신력 자체를 잃었던 기간이 무려 4년이나 된다.

어디 내놔도 순도 100퍼센트 쓰레기 인증받을 짓만 하고 살았다. 대부분은 집에서 누워만 있었다. 6개월 넘게 애니메이션만 보면서 떡이 진 머리로 히키코모리처럼 살았다.

한번은 노숙자보다 더한 몰골로 동네 미용실에 가자, 미용실 사장남이 참으로 난감한 표정을 지었다. '지금 저놈 머리카락을 잘라 줘야 하나, 아니면 경찰에 신고해야 하나' 고민하는 게 눈에 보였다. 그 정도로 내 꼴은 형편없었다.

사람은 경제 활동을 포기하는 순간부터 옆 사람 등골을 빼먹을 수밖에 없다. 가장 가까운 희생양이 어머니나 아버지다. 서른도 훌쩍 넘은 나이에 망해서 집에서 뒹굴뒹굴하니, 지켜보는 부모의 마음은 어땠을까? 억장이 무너졌을 것이다.

나와 달리 형은 은행이라는 안정적인 직장에 결혼해서 가정도 꾸렸다. 형은 아마 나란 놈은 가망이 없다고 느꼈을 것이다.

그러던 어느 날이었다. 새벽 4시까지 만화를 보다 잠들어 오전 11시가 다 돼서 일어났더니 어머니가 책상 위에 몇만 원을 놓아주셨다. 내심 기뻤다. 술을 살 수 있으니까. 그때 어머니가 내게 이렇게 말씀하셨다.

"오늘 친구 결혼식 아니니? 거기나 다녀와라. 머리도 좀 깎고."
"엄마가 내 친구 결혼식인 건 어떻게 알아?"

어머니는 집으로 날아온 청첩장을 보여줬다. 나도 이미 모바일 청첩장을 보긴 했다. 그전에는 친한 친구들의 결혼식 사회는 거의 다 내가 봤었다. 하객들이 웃다가 쓰러질 정도로 내가 사회를 잘 봤기 때문이다. 그래서 친구들이 결혼할 때면 사회를 나에게 맡기곤 했다.

하지만 지금은 망해서 거지꼴을 하고 있는데 결혼식에 가서 뭘 하겠는가. 절대 안 가겠다고 했다. 그러자 어머니가 일침을 놓았다.

"네가 지금 이 시간에 친구 축하해주는 것만큼 더 가치 있는 일을 하고 있냐? 없으면 거기라도 다녀와라."

이어서 이렇게 말씀하셨다.

"지금 네가 할 수 있는 일을 해!"

어머니가 나간 후 거실로 가보니 홍삼 판매 전단지가 수북이 쌓여 있었다. 그건 신경 쓰지 않고 어머니가 쥐여준 용돈으로 담배를 사러 갔다(지금은 끊었다). 그리고 영양가 없는 친구들한테 한잔하자고 전화를 돌리려는 순간이었다. 다른 집 우편함에, 집에서 본 홍삼 판매 전단지가 꽂혀 있는 걸 봤다.

전단지에는 어머니 이름과 전화번호가 도장으로 찍혀 있었다. 뒤통수가 얼얼할 정도로 충격을 받았다. 10년 전이니 당시 어머니는 60대였다. 어머니는 그 나이에도 할 수 있는 일을 하고 있었다. 그 돈으로 사지육신 멀쩡한데 집에만 누워 있는 자식에게 용돈도 주면서 말이다.

나는 곧장 집으로 와서 양복을 꺼내 입고 친구 결혼식에 갔다. 결혼식 분위기가 밝은 만큼 내 얼굴에도 환한 미소가 생겼다. 실로 오랜만에 마음이 평온해졌다. 세상 탓만 하다가 억지로라도 웃으니 진짜 웃을 일이 생겼다.

그때부터 제대로 마케팅을 공부했다. 어떻게 해야 할지 방향성도 찾아나갔다. 당시 내가 정한 기준은 두 가지다.

1. 돈이 들지 않는 일
2. 나 자신도 성장하는 일

이 방향성이 오늘날까지 이어졌다. 단시간에 폭풍 성장도 이뤄냈다. '나락'에서 '인생 떡상'을 하게 됐다.

당신이 지금 당장 할 수 있는 건 무엇인가?

월 1,000만 원 벌기? 그건 아니다.

내가 추천하는 것은 오늘 당장 글 한 편 쓰는 것이다. 작은 행동을 차곡차곡 누적해야 한다.

사람은 기술이 아니라 멘탈이 무너지면 거기서 끝이다. 힘들다고 느낄 수도 있다. 지금의 나도 힘들 때가 있다. 하지만 그럴 때마다 어머니가 했던 말이 정신을 훅 차리게 만든다.

"그러고 있지 말고, 지금 네가 할 수 있는 일을 해라!"

거창한 격언도, 광고 카피처럼 멋드러진 말도 아니다. 하지만 이런 일침이 우리를 각성시킨다.

지금 당장 할 수 있는 것을 찾아서 하나만이라도 해보자. 누가 알겠는가, 그게 인생 성공의 서막이 될지.

▶▶▶ 에필로그 ◀◀◀

성공을 지속하는
최고의 방법은 ○○이다

"자영업으로 성공하려면 어떻게 해야 할까요?"
"최소 하루 12시간, 주 7일, 5년을 꾸준히 해야 합니다."

얼마 전에 한 자영업자와 나눈 대화다.
열정에 감탄하면서도, 한편으론 '이러다 탈 나겠는데' 싶었다.
인간은 기계가 아니다.
한 몸 불사르겠다고 울부짖어도 좋은 결과가 담보되지 않는다.

나는 매주 수많은 자영업자를 만나,

고민을 경청하고 솔루션을 제공한다.

그들은 대개 성실하다.

헌신적으로 경영에 임하고 많은 시간을 할애한다.

하지만 안타깝게도 대부분 지쳐 있고 아픈 데도 많다.

자신이 멈추면 매출이 수직 낙하하는 경우도 흔하다.

또 다른 자영업자에게 성공의 비결을 물어봤더니

'매일 세 시간 일찍 출근하는 것'이라고 답했다.

그는 그렇게 20년을 유지했다고 한다.

의지는 인정하지만, 그 역시 난치병을 앓았던 경험이 있다.

투입량을 지속적으로 늘리는 게 과연 옳은지 점검해야 한다.

매출 0원에서 1,000만 원을 만드는 단계라면

10배 더 일하는 게 맞다. 아직 배울 게 많기 때문이다.

시작 단계, 사업 기틀을 만들 때는 밤낮없이 일하게 되고

기쁘게 임하게 된다.

그러나 1년, 2년이 지나면서 본격적인 사업의 형태를 만드는

단계, 즉 매출이 수천만 원대에서 수억 원 이상을 바라본다면,

이 시기부터는 나를 갈아넣는다고 회사가 굴러가지 않는다.
비즈니스의 지속성을 위해 많은 인력을 충원하게 되고,
그러면 시스템 전환을 할 수밖에 없다.

지금까지는 본인 역량에 기대서 회사가 성장해왔겠지만,
회사의 형태가 되고부터는 세무, 회계, 경영, 직원 역량까지
뭐 하나라도 놓치면 안 되기 때문이다.

나에게 컨설팅을 받은 아로마테라피 대표가 있다.
그는 매장에 살다시피 했다.
최고급 아로마테라피를 만들기 위해
억 단위 비용을 쏟아부었다.
고객에게 최상의 가치를 주겠다며 불철주야 노력했다.
그렇게 몇 년간 가게를 가꿔나갔다.

하지만 큰 병마가 들이닥쳤고, 수익이 곤두박질쳤다.
몇 년간 공들인 가게도 자신의 부재를 견디지 못했다.
매장의 알파이자 오메가였던 사장이 넘어지니,
당장 매장에 존폐 위기가 찾아왔다.

우리는 무언가 원대한 목표를 세울 때,
변수가 없다는 가정을 깔아둔다.
하지만 우리의 인생은 변수투성이다.
내가 굳건하더라도 가족 중 누군가가 병에 걸릴 수도 있다.
그러면 급전이 필요해진다.
어느 순간 심각한 매너리즘이 찾아올 수도 있다.
아무리 노력해도 매출이 제자리걸음을 한다.

게다가 성공은 '운칠기삼', 운이 7할 이상이다.
하루 종일 일만 해도 잘 풀린다는 보장은 어디에도 없다.
몇 년간 꾸준히 하지 못하면 운이 찾아와도
잡을 힘조차 남지 않는다.
운을 기다리려면 지속할 수 있어야 한다.

나의 열심만 가지고 세상은 움직이지 않는다.
통제 불가능한 변수는 얼마든지 생길 수 있다.
사회 시스템이 일정 부분 붕괴될 수도 있다.
이런 큰 변수가 생기면 나의 노력은 희석된다.
몇 개월, 몇 년을 노력한 결과도 일순간에 후퇴한다.

그래서 나 대신 싸워줄 사람 혹은 시스템이 없다면
어떤 비즈니스도 지속 가능하지 않다.
모든 업무가 자신의 손을 타야만 돌아간다면
비즈니스의 시스템이 취약하다는 방증이다.
내가 가장 중요한 일을 쥐고 있어야겠지만,
사소한 것까지 관여해서는 안 된다.

나 역시 1인 기업으로 출발할 때 모든 과정을 스스로 했다.
그러나 최근 몇 년간 회사가 급격하게 커지면서
많은 부분을 직원들과 분담하고 있다.
나는 되도록 중요한 업무에만 매진하고
감당할 수 없는 업무량은 아웃소싱 한다.
그 결과 예전보다 훨씬 많은 일을 처리할 수 있게 되었다.

내가 모든 일을 해치우겠다는 생각은
능력 있는 사람들이 많이 한다.
그들은 자신감이 넘치고 의욕적이며 실제로 능력치도 높다.
그러나 다른 사람이 70~80퍼센트 수준으로 해낼 수 있다면,
맡기는 게 현명한 선택일 수 있다.

아무리 뛰어난 개인이라도 체력을 갈아서
금자탑을 만든다면 한 개 이상 만들기 어렵다.
나 대신 싸워줄 동료 혹은 무기가 필요하다.

나는 그런 의미에서 항상 글쓰기와 영상 제작을 주장한다.
좋은 콘텐츠는 내가 없어도 영구적으로 마케팅 활동을 한다.
24시간 한숨도 쉬지 않고 나를 알리기 위해 고군분투한다.
또한 유튜브에서 영상을 한 편 업로드할 때마다
알고리즘은 나의 다른 영상들도 함께 띄워준다.

인간의 삶은 시간으로 이루어져 있다.
시간을 무한대로 늘리는 방법은 나를 복제하는 것이다.
글과 영상은 이를 가능케 한다.
자신의 콘텐츠를 만드는 건 남는 장사다.

나는 한 편의 영상을 만드는 데 많은 공을 들인다.
그 결과 수백 편의 영상이 언제나 나를 위해 싸워준다.
내 인생은 영상 제작을 하기 전과 후로 나뉜다.

당신의 다음 스텝은 '지속 가능한 성공'이어야 한다.

그러니 대신 싸워줄 동료를 무더기로 확보하자.

하루 12시간, 주 7일, 5년 버티기….
아무나 할 수 없는 훌륭한 마인드다.

그러나 언제까지 지속할 수 있을까?
당신의 끈기와 의지를 폄하하는 게 아니다.
오늘 한 만큼 내년에도 매일 똑같이 할 수 있는가?
1년 지속한 일을 5년간 할 수 있을까?

이 질문들에 왠지 모를 답답함이 느껴진다면,
지금 방향을 점검해야 한다.

오직 지속 가능한 행동이 지속 가능한 성공을 만들 수 있다.

부록

조회수로 검증된
돈 되는 숏폼 카피 노트

처음 콘텐츠 사업을 시작했을 때,

나는 광고비도 없고, 브랜드 인지도도 없었다.

그런데 썸네일 하나, 카피 한 줄이

유입을 바꾸고 매출을 일으켰다.

그래서 내가 직접 써보고 효과를 본

썸네일 카피의 공식을 독자 여러분과 공유하려고 한다.

그 전에 먼저, 후발주자도 선두를 따라잡을 수 있는

이유부터 이야기해보겠다.

클릭을 부르는
썸네일 카피의 공식

중복구매의 법칙

사람들은 하나만 고집하지 않는다.
운동화를 살 때 나이키만 사지는 않는다.

필요에 따라 뉴발란스를 고르기도 하고,
호카를 선택하기도 하며,
어떤 때는 브랜드가 없는 키높이 스니커즈를 사기도 한다.

이게 바로 '중복구매의 법칙'이다.

소비자는 1등 브랜드만 구매하지 않는다.

인간이라면 누구나 비슷한 제품군 안에서

번갈아가며 사는 소비 습관이 있다.

그렇다면 중요한 건 무엇일까?

내 브랜드가 그 '선택지 리스트' 안에 들어가는 것이다.

1등 브랜드가 아니어도 괜찮다.

중요한 건, 사람들 머릿속에

"이럴 땐 이 브랜드도 있지"라는 인식을 심어주는 것이다.

선택지 안에만 들어가면 팔린다.

그게 곧 매출의 시작이다.

이 법칙을 이해하는 순간,

'후발주자'라는 말이 장애물이 아니라

기회라는 사실을 알게 된다.

자, 이제 썸네일 카피를 만드는 기본 공식을 소개한다.

돈 되는 썸네일의 뼈대, '등·갈·해' 구조

유튜브 영상 썸네일,
멋진 디자인만으로는 클릭을 유도하기 어렵다.
사람들이 기대감을 갖고 클릭하는 썸네일에는
공통된 구조가 하나 있다.

바로 '등·갈·해'이다.

장난처럼 들릴 수도 있지만,
실제로 매출로 이어지는 구조다.
이름도 외우기 쉽도록 만든 것이다.

'등·갈·해'는 **등장인물 – 갈등 – 해결**의 줄임말이다.

사람은 사물보다는
사람에게 관심을 갖는 존재다.
그래서 썸네일에도 등장인물이 반드시 있어야
관심을 끌 수 있다.

1. 등장인물: '이거 내 얘기 아냐?'

이 느낌을 줄 수 있는 대상 지칭이 중요하다.

예를 들어, "월세 걱정하는 40대",

"매일 팩 붙이는 30대 주부" 같은 문구가 그렇다.

사람은 '자기 얘기 같다'고 느끼는 순간, 반응하게 된다.

2. 갈등: '이러다 망하는 거 아냐?'

드라마가 흥미로운 이유는

회차마다 갈등이 있기 때문이다.

욕하면서도 보게 만드는 힘은 갈등에서 나온다.

예를 들어, "절대 ○○ 하지 마세요.",

"전문가도 몰랐던 사실입니다." 같은 문장은

위기감을 자극한다.

이처럼 갈등은 감정을 흔들고, 감정은 클릭을 부른다.

3. 해결: '근데 어떻게 해야 하지?'

해결책을 미리 다 말해버리면 김이 빠진다.

해결은 반드시 영상 안에서 제시해야 한다.

썸네일에서는 힌트만 줘야 한다.

해결은 '암시'만,

확신은 '기대감'만 주는 것이 핵심이다.

요약하자면,

"이거 내 얘기 아냐?" → "이러다 망할 수도 있겠네?"
→ "어떻게 하지?"

이 흐름을 갖춘 썸네일은 사람의 감정을 자극하고,

클릭을 유도하며, 결국 매출로 이어진다.

'등·갈·해' 구조 활용법

세상에는 정보성 콘텐츠가 넘쳐난다.

정보만 전달해서는 돈이 되지 않는다.

그래서 구조로 끌어들이는 사람만 돈을 번다.

'등·갈·해' 구조만 그대로 가져다 써도

카피 쓰는 속도가 10배는 빨라진다.

아래 내용은 가장 자주 쓰이고 가장 효과가 좋았던

다섯 가지 공식이다.

1. X파일형(공포, 손해 회피형)

- "마트 된장에 이 성분 들어가면 절대 사지 마세요!"
- "이 음식 드시고 응급실 가신 분 많습니다"

→ 사람은 위기감에 가장 빠르게 반응한다.

2. 권위 붕괴형(전문가 부정형)

- "○○○ 선생님, 죄송하지만, 이번만은 틀렸습니다"
- "의사도 몰랐던 피부 망치는 습관"

→ 믿고 있던 기준이 무너지면

   클릭 욕구가 올라간다.

3. 현실 자극형(박탈감, 기대심리 자극)

- "줄눈 배워서 하루에 100만 원 번 사람, 진짜 나옴"
- "이 방법, 왜 나만 몰랐을까?"

→ 사람들은 '나만 모르는 이득'에 민감하다.

4. 착각주의형(습관 뒤집기, 자책 유도)

- "매일 마스크팩? 피부 망치는 지름길입니다"

- "좋은 줄 알았던 ○○, 알고 보니 독입니다"
→ 잘하고 있다고 믿는 걸 부정하면 자극이 된다.

5. 뒤통수형 (제도나 사회에 대한 분노 자극)

- "응급실 갔는데 보험금 거절? 이유 듣고 멘붕"
- "이래서 법이 사람 못 지켜줍니다"
→ "이건 좀 억울한데?"라는 감정이 들면,
 사람은 화가 나서라도 클릭하게 된다.

이 다섯 가지만 기억해두면 어떤 업종이든, 어떤 영상이든 클릭을 부르는 썸네일 카피를 하루에 수십 개도 만들 수 있다.

실전 카피라이팅: '등·갈·해' 5유형 활용법

1. 사람이 불안해할 만한 상황인가?

- "모르면 손해", "절대 하지 마세요"
→ X파일형

2. 누군가의 말이나 기준을 뒤집을 수 있나?

- "전문가도 몰랐던 사실", "○○도 틀렸다",
 "의사도 모르는 ○○의 진실"

→ 권위 붕괴형

3. 누군가가 이득 보고 있는데, 시청자는 몰라서 손해를 보나?

- "하루 만에 50만 원 번 방법", "월 500 번다",
 "이 방법이면 가능하다"

→ 현실 자극형

4. 시청자가 하고 있는 행동을 '착각'으로 몰 수 있나?

- "매일 ○○? 피부 망칩니다"

→ 착각주의형

5. 법, 제도, 시스템, 회사가 사람을 화나게 하는 구조인가?

- "보험금 안 나옴", "법적으로 막혀 있음"

→ 뒤통수형

업종별 숏폼 카피 모음
(*조회수는 유튜브 쇼츠 기준)

요식업

1. 가야마을

카피	조회수	영상 보기
위암 환자가 5년 숙성된 고추장물을 퍼먹는 이유	1,268,815	
이거 들어간 음식 절대 먹지 마세요	395,417	
100세까지 장수하고 싶다면 식전에 '이것' 꼭 드세요!	235,850	
아이를 천재로 키우고 싶다면 아침마다 '이거' 한숟갈만 먹이세요!	203,255	

2. 이중기의 7평레시피

카피	조회수	영상 보기
고깃집 사장도 모르는 목살 맛있게 먹는 법	160,156	
싸다고 이거 쓰면 고깃집이 망합니다	12,306	
음식 사진 맛있게 찍는 3가지 원칙	12,432	

3. 분당동치미막국수

카피	조회수	영상 보기
백종원 선생님 죄송하지만 이번만은 틀렸습니다	3,910,754	
대박나고 싶죠? 손님들의 혀를 속이지마세요	150,235	
막국수 집에서 'ㅇㅇ'를 안 준다고?	16,107	

4. 소담마루

카피	조회수	영상 보기
닭고기 살때, 이거 모르면 돈 버립니다!	32,682	
모르면 손해보는 미국산 소고기 확인법	23,214	

5. 효성상회

카피	조회수	영상 보기
김치명인이 김치 보관하는 방법	80,528	
김치 명인이 알려주는 1인 가구를 위한 김치보관법	40,900	

6. 복사꽃피는 집

카피	조회수	영상 보기
음식맛은 운이 아니라 관리의 결과입니다	15,812	

뷰티

1. 펠릭스클리닉

카피	조회수	영상 보기
비누 VS 폼클렌저 비교 충격적인 결과	15,178	
매일 마스크팩? 피부 망치는 지름길	13,888	

2. 리커버리아

카피	조회수	영상 보기
대한민국 1등 헤어샵은 이게 본질적으로 다릅니다	18,791	

카피	조회수	영상 보기
머리 말리기 귀찮은 분들, 꼭 보세요	10,962	

3. 휘게팔레트

카피	조회수	영상 보기
집에서 염색하다 머리 상하는 사람 특징	39,345	

스포츠&헬스

1. 삼손골프사관학교

카피	조회수	영상 보기
본격 삽질 벙커 샷 벙커 탈출 넘버원	736,198	
공은 이렇게 치는 겁니다, 삽질하듯이!	123,323	
러프 탈출? 정말 간단합니다	65,475	
페어웨이 벙커 샷, 자신감이 답입니다!	45,089	
1초만 참으세요 골프가 달라집니다	39,087	

2. 밸런스맨

카피	조회수	영상 보기
배에 힘주는 습관 즉시 멈추세요!	19,644	

3. 오선택 기능재활 인사이트

카피	조회수	영상 보기
1분 만에 20년 된 디스크 통증 없앤 동작	1,532,235	
이렇게 호흡하면 디스크 터집니다. (놀람주의)	19,423	
디스크 환자 필수시청, 플랭크 자세 절대 하지 마세요	13,142	

4. 줄리아나호

카피	조회수	영상 보기
직접 잡은 고기 팔 수도 있나요?	591,223	
현존 가장 빠른 낚싯배? 줄리아나호	52,195	
쭈꾸미 & 우럭 낚시법 1분 안에 알려드립니다	51,180	
한 트럭을 낚아도 전부 다 드립니다	33,269	
형이 왜 여기서 나와? 알아서 걸린 4짜 광어	18,585	

기능장

1. 서종필 줄눈

카피	조회수	영상 보기
하루 70만원 버는 줄눈시공 손재주 없어도 되나요	16,144	
하루 일당 70만원 이것도 줄여서 말한거예요	14,456	
500만 원 견적에 450 버는 줄눈시공 부업 (오직 몸뗑이 하나로)	13,932	
저는 60살입니다, 2시간 하고 70만 원 버는데 100살까지 할 겁니다!	11,956	

경매

1. 딱 쉬운 경매

카피	조회수	영상 보기
경매 무조건 돈버는 이유, 90%는 안해요	10,308	

2. 경매를 위하여

카피	조회수	영상 보기
공실 상가를 피하는 방법	42,236	

법률

1. "제일" 이민 잘 하는 변호사

카피	조회수	영상 보기
'하버드'를 졸업해도 미국에서 취업이 어려운 진짜 이유	133,270	
미국 영주권 6개월만에 받는 가장 쉬운 방법	25,285	

2. 채권추심 이동삼

카피	조회수	영상 보기
아무리 친해도 돈 빌려 주면 안 되는 이유	162,693	
압류? 국민은행은 되고, 새마을금고는 안되는 이유	82,698	
친구가 돈 빌려달라고 했을 때 거절 멘트 3가지	62,402	
돈 안 갚는게 이득인 대한민국, 현재 채무자 보호법 상황	34,559	
연락 안 받는 채무자는 빨간 딱지 붙이면 멘탈 털려서 바로 전화옵니다	25,415	

교육

1. 학원왕 박준태

카피	조회수	영상 보기
스터디카페가 공부에 독인 이유	29,980	